Theresia Volk
Unternehmen Wahnsinn

Theresia Volk

Unternehmen Wahnsinn

ÜBERLEBEN IN EINER VERRÜCKTEN ARBEITSWELT

Unter Mitarbeit von Heiko Schulz

Kösel

Verlagsgruppe Random House FSC-DEU-0100
Das FSC®-zertifizierte Papier *Munken Premium Cream*
für dieses Buch liefert Arctic Paper Munkedals AB, Schweden.

Copyright © 2011 Kösel-Verlag, München,
in der Verlagsgruppe Random House GmbH
Umschlaggestaltung und Umschlagmotiv: Oliver Weiss/oweiss.com
Satz: EDV-Fotosatz Huber/Verlagsservice G. Pfeifer, Germering
Druck und Bindung: GGP Media GmbH, Pößneck
Printed in Germany
ISBN 978-3-466-30906-1

www.koesel.de

für J.

Inhalt

»Die Eulen sind nicht, was sie scheinen« 9

Teil 1: SYMPTOME 15

Symptom 1: Extrem bewegt 16
Symptom 2: Was zusammengehört trennt sich 22
Symptom 3: Das Sekundäre schiebt sich über das Primäre.. 28
Symptom 4: Bespiegelungen 33
Symptom 5: Logische Umkehrungen 41
Symptom 6: Sprachperversionen 51
Symptom 7: Die Untoten werden mehr 57

Teil 2: DIAGNOSEN 65

Diagnose 1: Es war einmal Beschleunigung 67
Diagnose 2: Selbstoptimismus bis zur Selbsterschöpfung .. 78
Diagnose 3: Keine Krise der Führung, sondern eine
　der Zugehörigkeit 87
Diagnose 4: Change-Alarm und globalisierte
　Mehrwertvernichtung 96
Diagnose 5: Bei Komplexität hilft denken, nicht glauben .. 107
Diagnose 6: Leistungsvernichtung statt
　Leistungsverdichtung 119
Diagnose 7: Verwahrlosung auf höchstem Niveau 130

Teil 3: THERAPIEN............................... 141

Therapie 1: Diskret wirken......................... 144
Therapie 2: Sich beziehen.......................... 152
Therapie 3: Selber denken.......................... 161
Therapie 4: Wütend werden 170
Therapie 5: Zum maßgeblichen Grund finden........... 179
Therapie 6: Sein lassen 188
Therapie 7: Paradoxer werden....................... 196

»Am Ende des Tages ...«........................... 205

ABCurd – Schlagwortregister 209
Dank.. 211
Anmerkungen 213

»Die Eulen sind nicht, was sie scheinen«[1]

Die Mehrheit der erwachsenen Bevölkerung verbringt einen beträchtlichen Anteil ihrer Lebenszeit in einer Firma, einer Einrichtung, einem Betrieb. Also in einem Unternehmen. Die Menschen leisten dort durch Arbeit einen Beitrag und verdienen ihren Lebensunterhalt. Wo es besonders gut läuft, beziehen sie aus ihrem Tätigsein auch Lebensenergie, Wissen, Gewinn, erfahren Sinn, Anerkennung, Zugehörigkeit und manchmal sogar Stolz. Nun muss man nicht extrem unternehmenskulturkritisch sein, um festzustellen: Es läuft vielerorts leider nicht besonders gut. Die meisten arbeitenden Menschen haben sich in einer Parallelwelt zwischen professioneller Unterforderung und struktureller Überforderung zwar eingerichtet. Aber sie spüren den Wahnsinn dieser Welt.

Dieses Buch wirft einen scharfen Blick auf den »ganz normalen Wahnsinn« in Unternehmen, Organisationen und Projekten; und auf die Menschen, die dort gut, gerne und engagiert arbeiten wollen, aber nicht immer dazu kommen. Dabei hört sich die Floskel vom »ganz normalen Wahnsinn« erst einmal ganz nett an. Bei genauerem Hinsehen ist es aber gar nicht so nett, dass Tristesse und Druck bei der Arbeit offensichtlich und unbestritten extrem zunehmen. Viel ist schon von der Identitätskrise derer die Rede, die von heute auf morgen ihren Job verlieren. Aber auch Mitarbeiter und Führungskräfte in »guten Positionen«, ob in kleinen Unternehmen oder internationalen Konzernen, fühlen sich oft als Teile von Mechanismen, die sie innerlich permanent den Kopf schütteln lassen. Sie alle strengen sich brutal an, investieren immer mehr an Zeit, Gedanken, Mühe, Nerven in ihre Arbeit – oft schon ab vier Uhr morgens im eigenen Bett – und erkennen doch immer weniger die Früchte ihrer Anstrengung. Vom Ernten ganz zu schweigen.

Die Organisations-Menschen erleben sich als wirkungslos im Gestrüpp des täglichen Betriebes. Die Zumutungen sind hart. Oft gilt es, die Ansprüche zu senken, sich fit, flexibel, mobil zu halten; Versetzungen, Ressourcenkürzungen oder Entlassungen dürfen nicht persönlich genommen werden, sind auch nicht persönlich verschuldet, müssen aber nichtsdestotrotz persönlich getragen werden. Gedankenarme Routinen ohne erkennbaren Sinnzusammenhang, Konkurrenz zwischen Teamkollegen, flächendeckende Kontrolle in offenen Großraumbürolandschaften, Telefonate, die umfassend mitgehört, gezählt und ausgewertet werden. Verkäufer, die Kunden Produkte andrehen sollen, die diese nicht brauchen. Manche werden mit Aufgaben überschüttet, andere haben nichts zu tun. Die einen brechen zusammen, die andern sind zermürbt vom Überflüssigsein. Besonders ungut bzw. beängstigend: Es sind nicht einzelne Fehlfunktionen oder wild gewordene Einzelpersonen (egomanische Chefs), die das Fürchten lehren, sondern das Gefühl, in einem verwilderten System gefangen zu sein, in denen Gute wie Böse, Tüchtige wie Faule oft ununterscheidbar sind und versuchen vorwärtszukommen – oder auch nur durchzukommen. Die Entscheider sind selber Betroffene – und die Betroffenen entscheiden. Alle wähnen sich in ihrem Tun »alternativlos«.[2] Das macht die Situation einigermaßen aussichtslos. Oder: ziemlich wahnsinnig. Was aber steckt eigentlich hinter diesem Begriff?

Er bezeichnet außergewöhnliche, extreme Zustände, in positiver wie negativer Hinsicht, und stammt ursprünglich aus dem Lateinischen und bezog sich aufs Landwirtschaftliche »von der geraden Furche abweichen, aus der Spur geraten«. Althochdeutsch bedeutete »wan« schlicht leer, ohne Inhalt. Das verband sich sprachgeschichtlich mit dem anderen althochdeutschen Begriff »wân«, der »Glaube, Hoffnung, Erwartung« ausdrückte. Aus der Kombination entstand also die falsche, die eingebildete Hoffnung. Der Wahnsinn gilt als »Geisteskrankheit«. Das geht auf die Charakterisierung durch Immanuel Kant[3] zurück: Wahnsinn sei eine Form der Unvernunft, der methodischen Verrückung. Er beruhe auf »selbstgemachten Vorstellungen einer falsch dichtenden Einbildungskraft«. Alle Formen des Wahnsinns, so Kant, zeichnen sich durch den Verlust des Gemeinsinns (*sensus communis*) aus, der durch einen logischen Eigensinn (*sensus privatus*) ersetzt wird – und der ist immer alternativlos.

In der modernen Psychiatrie gelten Wahnvorstellungen als Störung der Urteilskraft. An diesen in der Regel zwanghaften inhaltlichen Denkstörungen halten Betreffende auch dann noch fest, wenn es sie in ihrer Lebensführung extrem behindert.

In der Literatur taucht der Wahnsinn als ein Zustand des geistigen Zusammenbruchs auf, der eintritt, weil unerträgliche psychische Belastungen nicht mehr anders bewältigt werden können. Das bedeutet: Wahnsinn kann also sowohl Ursache wie auch Folge von untragbaren – sprich vom Einzelnen nicht zu bewältigenden – Umständen sein.

Noch näher an die heutige Arbeitsrealität rückt Alexander Rüstow den Wahnsinnsbegriff. Der liberale Wirtschaftswissenschaftler, dem wir die Wortschöpfung »neoliberal« verdanken, hat die Wirtschaft 1949 als untersten aller Lebensbereiche angesehen, deren Aufgabe darin besteht, »allem anderen sich unterzuordnen und zu dienen«. Dass die Wirtschaft oder der Markt an eine wesentlich höhere Stelle in der Werteskala rücke, komme nur »abnormaler- und krankhafterweise« vor![4] Er hielt es für einen fatalen Aberglauben, die Wirtschaft höher zu bewerten als die Gesellschaft, der sie zu dienen habe. Rüstow würde die heutige Durchdringung aller Lebensbereiche durch die Ökonomie und den Exzess der Arbeits- und Leistungsansprüche sicher als krankhaft, als geisteskrank bezeichnen. Was kann man dagegen tun?

Es empfiehlt sich zunächst ein radikaler Perspektivenwechsel, ein Blick über die realen Organisationen hinaus, in die Fiktion einer Kult-TV-Serie hinein. Bei der Beschäftigung mit den Situationen moderner Arbeitsrealitäten kann es einem nämlich ergehen wie Special Agent Dale Cooper aus David Lynchs verschrobener Produktion »Twin Peaks«. »Die Eulen sind nicht, was sie scheinen«, diese Worte werden Cooper in einer Vision durch einen Riesen übermittelt und dienen fortan als eine Art Motto und Mantra für seine Ermittlungen. Er stößt auf immer neue Geheimnisse, lässt sich aber dadurch nicht entmutigen, sondern steigert vielmehr die Komplexität seiner Beobachtung. Er verabschiedet sich von der Monokausalität und findet eben so immer mehr Ansatzpunkte für eigenes Denken und neues Handeln.

Gemäß der Cooperschen Haltung präsentiert dieses Buch leider keine Schuldigen, keine Sündenböcke, keine einfachen Rezepte, keine ultimative Auflösung der menschlich-organisationalen Misere. Dafür zeigt es Öffnungen und neue Kontexte, die dem organisationalen Wahnsinn den Sinn – das Zusammenhängende – abringen.

Es ist hier bewusst von »Symptomen, Diagnosen und Therapien« die Rede und eben nicht von Phänomenen, Analysen und Strategien; weil sich letzteres Begriffstrio so gar nicht von der Alltagsrealität dessen, was untersucht werden soll, unterscheidet. Und vielleicht den Wahn noch verstärkt, den es zu überwinden gilt. Davon ausgehend, dass sich hinter der Floskel vom »ganz normalen Wahnsinn« eine reale und moderne Art der Geistes- oder Organisationskrankheit verbergen könnte, muss einer der ersten Schritte auf dem Weg zur Besserung der sein, die Chancen auf Krankheitseinsicht zu erhöhen. Die Manager, die sich im akuten Burn-out in die Obhut teurer Privatkliniken begeben, lernen auch eher widerwillig, dass sie nicht die Kunden, Dienstleistungsempfänger oder Auftraggeber sind, sondern »Patienten«.

Die Dreiteilung des Buchs funktioniert nun so: Teil 1 mit den Symptomen bleibt noch an der Oberfläche, er führt eher pauschal, von oben herab, in den Wahnsinn ein. Teil 2 mit den Diagnosen ist deutlich gründlicher, analytisch präziser. Und Teil 3 mit den Therapien präsentiert ungewöhnliche Therapeutentypen als exzellente Ermutiger und weise Weggefährten – er will ganz konkret behilflich, mindestens aber tröstlich sein.

Die Dreiteilung ist ernst zu nehmen, aber nicht zu ernst. Die drei Teile bauen nicht ohne Brüche aufeinander auf, sie passen nicht 1:1 zueinander, sondern wollen jeweils Wahrnehmungsstörungen und mentale Ambivalenzen aufzeigen, Perspektiven erweitern, fundamental und fruchtbar irritieren.

Das Ganze ist als eine Anregung zum nicht-trivialen Weiterdenken zu verstehen. In diesem Sinne: gute Besserung.

Teil 1:
SYMPTOME

»Nur oberflächliche Menschen urteilen nicht nach Äußerlichkeiten. Das wahre Geheimnis der Welt liegt im Sichtbaren, nicht im Unsichtbaren.« Dieses Statement von Oscar Wilde – *Das Bildnis des Dorian Gray* – heißt: Jede gute Schlussfolgerung basiert in erster Linie – und sinnvollerweise – auf Wahrnehmungen, dem also, was man sehen kann.

Das griechische Wort »symptoma« bedeutet: Zufall, Begebenheit, Begleiterscheinung. Der Begriff wird heute vorwiegend für Phänomene verwendet, die auf eine Krankheit hinweisen. Fieber zum Beispiel, Übelkeit, Schmerzen, unübliche Reizungen und anderes, was uns an unserem beabsichtigten Tagwerk hindert. Manche Erscheinungen sind auch gänzlich schmerzfrei, aber dennoch seltsam. Es gibt subjektive, d.h. nur von Betroffenen wahrgenommene Symptome, und andere, die auch von außen erkennbar sind.

Im Folgenden sind einige der verbreitetsten Begleiterscheinungen des heutigen Organisationslebens beschrieben und in zufälliger Reihung aneinandergefügt: Äußerlichkeiten und Äußerungen unseres zeitgenössischen Arbeitslebens.

Symptom 1:
EXTREM BEWEGT

Es treten auf: die Bewegungsseher, das Manager-ADHS, das Extremismus-Paradox und surreales Weitermachen.

Hysterie nennt man im allgemeinen Sprachgebrauch, wenn eine Gefühlsäußerung in keinem vernünftigen Verhältnis zu ihrer Ursache steht. Grelles Gekreische beim Anblick einer Spinne gilt als klassisches Beispiel. Oder morgens um vier Uhr schweißgebadet und leicht panisch wach werden, wenn der Anlass eine Präsentation ist, die am folgenden Tag im Projektmeeting ansteht. Keine gerade erfolgte Kündigung, auch keine bevorstehende Verhaftung, sondern ein Informationsbeitrag innerhalb einer Besprechung unter zivilisiert gekleideten, meist überdurchschnittlich gebildeten Damen und Herren, mit denen man schon einige Zeit geschäftlich zu tun hat. Kollegen, Kunden, Lieferanten – nicht Dämonen, Bestien oder Henker. Dennoch bringen sie einen um den Schlaf.

Beim Thema »Arbeit« ist mittlerweile flächendeckend Hysterisierung zu konstatieren. Millionen tätiger Menschen packt die Panik beim Gedanken an ihr Arbeitsumfeld, Schlafstörungen und Nervosität sind noch die harmlosesten Symptome.

Und in der Tat scheinen angesichts des harten Kampfes um Aufmerksamkeit am Arbeitsplatz hysterische Zuspitzungen bestimmter Sachlagen durchaus vernünftig. Nur so wird der Einzelne überhaupt noch wahrgenommen. Denn: Ohne Katastrophenalarm kein Handlungsbedarf. Ein Manager, der täglich von über 400 E-Mails behelligt wird, muss nun mal selektieren. Wenn da bei Botschaften oder Anfragen nicht eine gewisse Heftigkeit rüberkommt, gibt es für ihn keinen Anlass zu reagieren.

In dieser Fokussierung auf die heftigste Gestik und den größten Sprung ähneln wir mittlerweile vielen Wildtieren. Diese sind »Bewegungsseher«, das heißt sie sehen nicht, was ist, sondern nur, was sich bewegt. Der Beutegreifer hat zwar scharfe Augen, aber er sieht nur in einem sehr eingeschränkten Gesichtsfeld gut; das Fluchttier (ein Hase zum Beispiel) hat zwar beinahe einen 360°-Blick, allerdings nimmt es aufgrund seiner seitlichen Augenanordnung eher schemenhaft wahr. Beiden gemeinsam ist: Sie sehen nur, was sich bewegt. Der Greifvogel findet nur die Maus, die hüpft, und der Hase stürmt nur davon, wenn sich ein Jäger bewegt. Im unternehmensweiten Trubel ist es so: Kleine Bewegungen fallen nicht mehr auf. Um jemanden zum Handeln, etwa zum Losrennen oder Zuschlagen, zu bewegen, braucht es Superlative als Impulse. Und die Zeit ist knapp. Differenzierte, elaborierte, nicht-hysterische Auslassungen drohen ins schwarze Aufmerksamkeitsloch zu fallen. Nur Katastrophen, Sensationen und Mega-Gewinne gelangen noch in unser Bewusstsein und auf die Tagesordnung. So lässt sich das Aufmerksamkeitsdefizit austricksen, das Adrenalin fließt weiter und die Hyperaktivität gedeiht. Die entsprechenden Gefühlsäußerungen angesichts dieser neuen, ADHS-geprägten Arbeitswelt heißen folgerichtig Panik (in Todesangst flüchten) oder Siegestaumel (die Beute greifen).

EXTREME IM DOPPELPACK

Dauer-Hysterisierung gebiert ein anderes Phänomen: eine Art Extremismus-Paradox. Ein Superlativ kommt nämlich selten alleine, gern taucht er mit seinem genauen Gegenpol auf. Größenwahn und Ohnmacht. Begeisterung und Lethargie. Ganz oder gar nicht.

Die Nummer eins der Branche oder Insolvenz. Zur Zeit der Finanzmarktkrise wurde uns das auf beeindruckende Weise vor Augen geführt. Aus dem »Alles ist möglich« wurde über Nacht ein »Nichts geht mehr«. Exorbitante Gewinne und unvorstellbare Verluste waren und sind nur einen winzigen Tick (oder Klick) voneinander entfernt.

Aber auch im Normalbetrieb eines Unternehmens zeigen sich diese Extreme im Doppelpack. Brandreden wechseln übergangslos mit Beruhigungsfloskeln: »Wir müssen endlich aufbrechen in eine neue Zukunft, sonst gehen wir unter« – aber gleichzeitig: »Alles läuft prima, wir sind stolz, dass wir unsere Ziele bereits erreicht haben.« Wir haben es geschafft – wir werden gekauft – wir sind gerettet – wir stehen am Abgrund – alles ist möglich – wir haben keine Wahl – nichts hält uns auf – wir sind die Größten – nach uns die Sintflut ... So schnell aufeinander kann einem gar nicht froh ums Herz und wieder angst und bang werden, wie die extremen Meldungen vorbeijagen. Da braucht es, zur persönlichen Verdauung sozusagen, einen weiteren Doppel-Decker: den Cocktail aus Beruhigungs- und Aufputschmitteln. Die Klassiker Rotwein und Kaffee sind dabei schon fast rührende Nostalgika. Inzwischen sorgen stärkere Substanzen für die Aufrechterhaltung der notwendigen Extremzustände: höchste Konzentration und radikale Verdrängung.

ZWISCHEN GRÖSSENWAHN UND OHNMACHT: DIE FÜHRUNGSKRAFT

Extrem paradox ist auch dies: Es werden einerseits Lobeshymnen auf den neuen eigenverantwortlichen Mitarbeitertypus gesungen. Initiative, Mitunternehmertum und Flexibilität werden zu mantrisch wiederholten Schlagworten der neuen Unternehmenskultur.

Gleichzeitig gab es aber auch noch nie so viel Angst vor eben diesen (den eigenen!) Mitarbeitern und ihren Umtrieben. Anders ist die Kontroll-Paranoia mit ihren umfassenden Abhörmaßnahmen und ausgeklügelten Spitzelsystemen nicht zu beschreiben. Unternehmensführer lassen ihre Hotelzimmer routinemäßig nach Wanzen durchsuchen. Sie wissen aber auch, dass sie von Claqueuren und Höflingen umgeben sind, auf deren Wort sie eigentlich nichts mehr geben. Überall nur Feinde oder Nachplapperer. Andere – formerly known as Arbeitnehmer – scheinen dazwischen nicht mehr zu existieren.

Bei jüngeren Führungskräften zeigt sich das Changieren zwischen Größenwahn und Ohnmacht besonders deutlich. Auf der einen Seite meinen viele von ihnen exakt zu wissen, was getan werden muss, um »diese Firma aufzuräumen und neu aufzustellen« – und sie werden das auch umgehend tun, wenn sie nur erst in den entsprechenden Positionen sind. Auf der anderen Seite fühlen sich dieselben jungen Führungskräfte eingesperrt und ausgeliefert einem System, das sie nur hoffnungslos klagen lässt: »Ich würde ja gerne, aber es ist unmöglich – ich kann nichts ausrichten.« Was aus dem Blick gerät, ist der Bereich dazwischen: jener Verantwortungskorridor zwischen Ohnmacht und Größenphantasie, in dem sich organisationale Wirklichkeit gestalten lässt. In der aufgeheizten Panik- und Jagdstimmung wird dieser Raum gerne übersehen. Vermutlich, weil sich dort zu wenig ruckartig bewegt.

Ein anderes Extrem-Duo, das sich in letzter Zeit verstärkt zeigt, ist die Verbindung von Stolz auf und Verachtung für ein und dasselbe. Hochgradige offizielle Anpassung und gleichzeitige totale Ablehnung dessen, was jemand in seiner Arbeitswelt täglich tut – das ist inzwischen nichts Unbekanntes für eine Unzahl von Konzernmitarbeitern aller Ebenen. Da ist der Stolz, in einer dynamischen Branche eine lukrative Stelle ergattert oder behauptet zu haben, die ehrliche Bewunderung für das Produkt oder bestimmte

Persönlichkeiten der Firma – und nur einen Spaltbreit weiter lauert die Verachtung für dieses ganze »wahnsinnige« Business. Die Kluft ist un-heimlich; sie zeigt sich täglich, quasi öffentlich und offensichtlich. Man findet in nahezu jedem großen Unternehmen eine Vielzahl von Personen, die bestimmte grundlegende Entwicklungen und Entscheidungen der eigenen Firma nicht nur für schlecht, sondern für völlig irrsinnig hält. Projekte, bei denen wirklich jede und jeder unterschreiben würde, dass sie keinen Sinn haben, sondern nur wegen x oder y (etwas völlig Sachfremdem) durchgezogen werden müssen; in denen Geld verbrannt wird und wo es an ein Wunder grenzt, dass »hinten« immer noch etwas herauskommt, manchmal sogar (angeblich) ein Gewinn. Und alle machen immer weiter mit.

Es ist dies ein Symptom, das sich in den höheren Managementebenen – da, wo es die besseren Einblicke in die Gesamtsituation gibt – verstärkt, nicht abmildert.

HIER STIMMT DOCH WAS NICHT. EGAL. HAB SPASS

Der Journalist und Autor Nils Minkmar hat dies einmal »surreales Weitermachen«[5] genannt, und die Psychoanalyse spricht von Spaltungsmechanismen. Sie helfen, die Wirklichkeit nicht wahrnehmen zu müssen – ebenso wenig wie die zugrunde liegende Angst.

Vielleicht das extremste oder fundamentalste Extremismus-Paradox: Es tobt der globale Kampf ums Überleben – gleichzeitig macht alles aber auch total viel Spaß. So hart die Zeiten angeblich sind – leitende Manager ebenso wie Politiker und andere sogenannte Meinungsmacher versichern uns durch die Bank: »Wenn es mir einmal keinen Spaß mehr macht, höre ich sofort auf.« Wer's glaubt. Den Spaß wie das Aufhören.

Die amerikanische Autorin Barbara Ehrenreich analysiert in ihrem Buch »Smile or die«[6] diesen Massenvirus des Permanentpositivdraufseinmüssens. Sie meint: Egal wie tief wir mit unseren Projekten im Schlamassel stecken, wie sehr wir eben attackiert, gedemütigt oder ignoriert wurden, es hat zu gelten: bitte zurücklachen. Es herrscht kollektive Optimismuspflicht beim allgemeinen Fressen und Gefressenwerden. Ein angemessenerer Ausdruck für dieses Zuviel von allem – zu viel Spaßgeschrei, zu viel Schlachtgebrüll – könnte lauten: fressen und kotzen. Wobei das Ende einer bulimischen Erkrankung nicht mehr »smile or die« heißt, sondern: »smile and die«.

Symptom 2:
WAS ZUSAMMENGEHÖRT, TRENNT SICH

Es treten auf: der Loslösungsvirus, einige Nicht-Zusammenhänge und die gefühlte Wirkungslosigkeit

Wenn es ein Ur-Symptom für den Wahnsinn gibt, dann dieses: Was sinngemäß(!) zusammengehört, ist getrennt. Schon seit Längerem besonders gut, weil dies öffentlich zu beobachten ist im Bereich des Marketings, der Werbung. Es lässt sich feststellen, dass sich die Werbeaussagen beinahe völlig vom Produkt emanzipiert haben. Die Aussagen sind produktunabhängig geworden. Ein Claim, ein Sound, eine Filmsequenz oder ein Text aus dem Off könnten ein Shampoo ebenso gut meinen wie eine Versicherung oder eine Lotterie. Die stofflichen Eigenheiten eines Produkts sind offenbar ohne werbliche Bedeutung, wichtig sind allein die symbolischen Eigenschaften, die sich transportieren lassen: Gefühle, ein gewisser Lebensstil, Wichtigkeit, Sinn. Ein Autobauer preist sein neues Modell mit der Parole an: »Je ne suis pas une voiture«, ich bin kein Auto. Ein Ölkonzern behauptet, er befinde sich »beyond petroleum«, also jenseits, in einem neuen, gerade entdeckten Sinnuniversum?

Faszinierender- und beängstigenderweise hat diese ursprünglich marketingspezifische Unabhängigkeitsbewegung mittlerweile auf das Unternehmensganze übergegriffen: Unternehmen selber lösen sich von dem, was sie herstellen. Viele Firmen der sogenannten Realwirtschaft tun zwar immer noch so, als versuchten sie, Geld mit ihren Produkten zu verdienen. Tatsächlich geht es ihnen aber darum, eine bestimmte Rendite auf ihr Eigenkapital zu erzielen. Und die kann man auch anders erzielen als dadurch, ganz spezielle Unterhosen, Autos oder Sitzmöbel herzustellen und unter die Leute zu bringen.

In diesem Kontext leicht bizarr wirkt, wenn von »den Mitarbeitern« große Leidenschaft für die einmaligen und unverwechselbaren Produkte des eigenen Unternehmens gefordert wird, weil das durchaus nützlich sein kann für den Verkauf. Ungünstig nur, wenn es gar keine Einmaligkeit und Unverwechselbarkeit der Produkte gibt bzw. wenn in immer kürzeren Abständen immer neue Produkte oder Produktreihen vertrieben werden. Diese hektischen Regal-Neubefüllungen nennt man Portfolio-Management. Und das ist noch eine harmlose Variante gegenüber der großen, dauernden Re-novierung. Es kommt nicht selten vor, dass ein Unternehmen innerhalb eines Jahres den Namen, die Kunden, die Rechtsform, die Zulieferer, zumindest aber den Vorstand auswechselt. Das sind Wechsel, die Leiden schaffen, statt, wie gewünscht: Leidenschaft für Unverwechselbares.

Man kann auf das umständliche Herstellen von Waren und Dienstleistungen auch ganz verzichten und die Rendite anderweitig erreichen. Weit besser sogar. Die Loslösung der Finanzwirtschaft – einer ehemaligen Hilfswirtschaft – von der sogenannten Realwirtschaft gehört natürlich ebenfalls in diese Symptom-Kategorie und ist im Kontext der Finanzkrise vielfach thematisiert worden. Die frappierendste Trennung, die man beobachten konnte, ist die des Haftungs- vom Verursacherprinzip. »Wer den Nutzen hat, muss den Schaden tragen«, forderte einst der Ordnungsliberale Walter Eucken. Der Begriff »Haftung« macht heute rein wörtlich zwar immer noch einen stark klebenden Eindruck, scheint sich aber realwirtschaftlich vom Verursacher völlig gelöst zu haben.

ZUSAMMENHANG? FEHLANZEIGE!

Auch in der klein- und kleinstwirtschaftlichen Sphäre, im Büro, grassiert der Virus der sich auflösenden Zusammenhänge. Und nicht nur bei den Visitenkarten, die keinen Bezug zur konkreten Tätigkeit mehr erahnen lassen. Da hausiert, eine Problemetage höher, zum Beispiel das Duo: Verantwortung und Befugnis. Je höher der Verantwortungsgrad, desto höher die damit einhergehenden Befugnisse, so könnte eine sinnvolle Korrelation aussehen. Zur großen Ernüchterung aller ambitionierten High Potentials – die unisono mit der größeren Verantwortung nach dem größeren Gestaltungsspielraum trachten – bekommen sie wohl die Verantwortung, aber keine Rechte, Mittel oder Befugnisse dafür. Es gibt Manager, die eine Führungsspanne von Tausenden von Leuten haben – mit einem Verantwortungsgebiet, das sich mindestens über einen ganzen Kontinent erstreckt. Ihre einzige echte, uneingeschränkte, gremienunabhängige Befugnis lautet: Sie dürfen die Verzehrbons unterschreiben, die ihre Mitarbeiter einreichen, wenn sie Kunden in die Betriebskantine einladen.

Andere Büro-Pärchen, die immer seltener etwas miteinander zu tun haben, heißen: Anstrengung und Zielerreichung. Oder: Leistung und Ergebnis. Denn wenn organisational tatsächlich einmal etwas erreicht wurde, ist das selten materiell sicht- und fühlbar, sondern dann geht es zum Beispiel um »die Freigabe von Mitteln« – die auch schnell wieder einkassiert sind. Wo endlich einmal etwas sichtbar wird – eine neue Lampe ist produziert –, da ist dann oft der Urheber (und »Produzent«) bis zur Unkenntlichkeit entstellt. Die Zuschreibung von Geleistetem an einen oder eine Einzelne ist fast nicht mehr möglich. Das heißt auch: Wo etwas schiefläuft, lässt sich die Verantwortung dafür ebenfalls nicht mehr zuordnen. Und, mindestens genauso unerfreulich: Der Grad an Anstrengung, der für eine Sache, ein Thema, ein Produkt aufgewandt werden muss, ist oft umgekehrt proportional zu dem, was herauskommt.

Ganz persönlich hinterlässt die zunehmende Auflösung von Ursache und Wirkung das frustrierende Gefühl der Wirkungslosigkeit. »Womit habe ich heute den ganzen Tag verbracht«, stöhnt der Mitarbeiterchor. »Und was habe ich erreicht?« An diesem Punkt setzen so zuverlässig wie symptomatisch die individuellen, verklärenden Wunschphantasien ein: Wäre ich doch bloß Tapezierer, Taxifahrerin, Bergbäuerin oder Biowollschalverkäufer geworden.

DER MENSCH, DAS WIRKUNGSLOSE WESEN

Das Symptom der gefühlten Wirkungslosigkeit ist eines, das schmerzt. Es tut weh, wenn der eigene Bedeutungsverlust zum Vorschein kommt: Kein Ergebnis »deutet« mehr geradewegs auf mich als Urheberin – und meine Anstrengung bedeutet nur meine Anstrengung. Sonst nichts. Schon gar nicht mehr gilt der Kontext, den einst die Eltern behauptet haben: »Du musst dich nur anstrengen, dann klappt es auch.« (Ganz davon abgesehen, dass niemand mehr dieses »Es«, worum es im täglichen Arbeitswahn geht, genau beschreiben kann.)

Der Mensch will Wirkung erzielen, der engagierte erst recht. Seit der Entdeckung der »analen Phase«, in der das Kleinkind voller Stolz auf sein vollbrachtes Geschäft zeigt, liebt der Mensch das Business. Er liebt es, etwas machen zu können, Ergebnisse vorzuweisen, zum Beispiel »Erfolge«: Auch hier zeigt sich allerdings eine klammheimliche Auflösungserscheinung. Er-Folge sind keine ursächlichen Folgen (von etwas) mehr, sondern meist eine Sache des »Labelings«. Erfolge stellen sich nicht mehr ein, wie weiland ein leckeres Brot die logische Folge von guter Backkunst war, sondern

Erfolge werden proklamiert und genau da platziert, wo sie nach Ansicht von wem auch immer genau jetzt zu erscheinen haben. Die Erfolgskriterien sind oft finanztechnischer Art; sie hängen nur noch sehr lose mit der Güte der Waren zusammen. Komplizierte Kennzahlenverrechnungen und eine bisweilen eigens ausgeklügelte Bilanztechnik bestimmen, ob eine Abteilung Erfolg verbuchen(!) kann oder nicht.

Auf der individuellen Ebene spielt sich der Erfolgskampf im Meeting ab: Wer schafft es als Erster, die wenigen guten Nachrichten zu verkünden – und auf diese Weise an sich zu binden? Und wer war dieses Mal zu langsam und muss die Megaprobleme des neuen Projektes beichten? Er wird sie dann jedenfalls sehr klein reden und darstellen müssen, denn nur so kann er sich gegen das Loser-Labeling schützen. Wer genau wofür genau verantwortlich ist – dieser Zusammenhang ist ja außer Kraft gesetzt; entscheidend ist: wer mit was »in Verbindung gebracht« wird.

DAS PROBLEM IST DIE LOSLÖSUNG

Zu den klassischen Loslösungsphänomenen gehört auch der Nichtimmerzusammenhang zwischen Gehalt und Leistung. Und was ist mit der Verbindung von Ausbildung und Kompetenz? Hat die Profession noch etwas mit der Funktion zu tun, in der jemand arbeitet? Bestandene Prüfungen, beurkundete Ausbildungen verwiesen einmal auf ein bestimmtes Können. Sie waren Teil des professionellen Selbstverständnisses. »Nein, ich bin Juristin (mit beiden Staatsexamen), nicht Betriebswirtin« – diese Zurechtweisung ist hoffnungslos überflüssig und gerät sofort wieder in Vergessenheit. Heute kann kein Chef die Ursprungsprofessionen seiner Mitarbeiter auswendig aufsagen. Was nicht daran liegt, dass er gerade mal wieder die Abteilung gewechselt hat; auch nicht an mangelnder Wertschätzung; sondern schlicht daran, dass das Ursprungsprofessionelle immer irrelevanter wird. Erworbenes Können ist nicht nur rasant schnell veraltet, sondern behindert oft genug neue Verfahrensweisen.

Auch das schöne alte Wort »Beförderung« ist nicht mehr das, was es einmal bedeutete. Dereinst erzählte es von einem erreichten höheren Leistungsniveau, das sich dauerhaft in die organisationale Struktur eingraviert. Dieser Zusammenhang ist so gut wie weg. Beförderung bezeichnet heute einfach zu oft die Verschickung von Managern in solche Ecken des Konzernuniversums, wo sie nach Meinung der aktuell Maßgeblichen erst einmal keinen Schaden mehr anrichten. Sie bedeutet damit faktisch ihre Entsorgung.

Symptom 3:
DAS SEKUNDÄRE SCHIEBT SICH ÜBER DAS PRIMÄRE

Es treten auf: Farb- und Stilfragen, faltblättrige Identitätsstifter und eine Diva: die Powerpointfolie

Nebensachen bleiben nicht unbedingt nebensächlich. Manche werden ganz schön wichtig. Fußball war bekanntlich einmal die schönste Nebensache der Welt. Sie hat sich zu einer phänomenalen Hauptsache gemausert. Nicht nur die massive wirtschaftliche Kraft macht den Fußball zu einem Dominanzfaktor sondergleichen. Auch seine gesellschaftlich und kulturell prägende Rolle ist unbestritten. Der Weltmeisterschafts-Sommer 2006 verhalf Deutschland sogar – zumindest zeitweise – zu einer fröhlichen Identität.

Von diesen gewichtigen Vorteilen einmal ganz abgesehen, lebt und fiebert der Fußballfan wöchentlich mit seiner Vereinsmannschaft, freut sich über einen Sieg oder verurteilt Spieler oder Taktik nach einer Niederlage.

Nichts gegen Nebensachen also, sie machen das Leben spannend, strukturieren den Alltag und sind immer für ein Gesprächsthema gut. Auch im Büro.

WO UND WAS IST DER KERN?

Zweifellos ist es nötig, über die Farbe eines Kampagnenflyers nachzudenken. Genauso muss entschieden werden, welche Bestuhlung für die diesjährige Klausurtagung geordert werden muss oder ob im Großraumbüro Raumaufteiler aufgestellt werden sollen. Dennoch würde man erst einmal davon ausgehen, dass eine Kampagne und ihre Leitidee selber wichtiger sind als ihr Flyer und dass die Agenda der Klausurtagung relevanter für das Geschäft ist als die Wahl der Sitzmöbel. Die Form sollte doch der Funktion folgen. Immer öfter ersetzt sie sie. Debatten über die Form überlagern oder verdrängen die über den Inhalt.

Ein harmloser Flyer – ursprünglich ein nachgelagertes Medium zur Unterstützung der Zentralmaßnahme – kann zum Mittelpunkt eines bizarren Beschäftigungsmarathons werden, der Wochen und Monate andauert. Beteiligt und behelligt sind Unzählige: die Mitglieder der Projektgruppe, die interne Kommunikationsabteilung, eine externe Agentur, der Bereichsleiter, in dessen Zuständigkeit die Kampagne inzwischen gewandert ist, der Top-Manager, der die Kampagne promotet und dessen Statement im Flyer auftauchen soll (und deswegen auch seine Pressesprecherin). Diese und mehr entwerfen oder machen Vorschläge, haben Variationswünsche, empfehlen, insistieren, legen Vetos ein, senden Kriterien-Listen, erarbeiten alternative Versionen, überarbeiten und lassen überarbeiten.

Nicht selten verhält sich der Grad der Umsetzung beim Kernanliegen umgekehrt proportional zum Aufwand, der getrieben wird, um einem an sich eher nebensächlichen Flyer Form und Farbe zu geben. Der Verdacht liegt nahe, dass nicht gelöste Konflikte in der Hauptfrage sich auf den Nebenschauplatz des Designs verlagert haben. Aber gerade weil die Hauptfragen nicht beantwortet werden, muss umso dringlicher ein anderer Erfolg her: Wenigstens in der Wahl der Farbe soll eine Einigung hergestellt werden, die gut aussieht, damit vorzeigbar ist und Entlastung schafft.

EIN FALTBLATT ALS IDENTITÄTSSTIFTER?

Bei Farb- und Stilfragen ist es wie im Fußball – alle können mitreden und wissen Bescheid. Und wie eine schwungvoll aufspielende Fußballmannschaft das nationale Gefühl für einen Sommer in Schwingung bringt, so wird ein Flyer zum identitätsstiftenden Merkmal einer großen Zahl von Mitarbeitern mit ihrem Projekt. Denn wenn endlich nach Wochen des zermürbenden Hinundhers an diesem Faltblatt das frisch gedruckte Teil in der Hand oder auf dem Schreibtisch liegt, dann weichen für einen Moment alle Sorgen und Plagen. Ist es nicht großartig geworden? Diese Anmutung! Haben sich die Mühe und der Ärger nicht doch irgendwie gelohnt? Es ist das selige Gefühl, etwas geschafft zu haben: etwas mit Händen anfassen zu können, etwas durchgestanden und nicht aufgegeben zu haben. Alles ist gut in diesem Moment. Was immer aus der Kampagne noch werden wird – oder auch nicht, denn erste Erschöpfungsmerkmale zeigen sich bereits, und der Aufmerksamkeitsfokus wichtiger Schlüsselfiguren beginnt sich schon zu verschieben – mit diesem Flyer ist etwas real und anfassbar geworden. (An dieser Stelle sei angemerkt: Gutes Design ist natürlich hohe Denk- und Gestaltungskunst, es steckt viel Kompetenz darin und die große Bedeutung sinnfälliger Symbole ist unbestritten. Allein: Symbole sind nur dann Symbole, wenn sie auf etwas hinweisen. Inzwischen aber ersetzen sie zu oft das, worauf sie hinzuweisen vorgeben. Sie verweisen nur noch auf sich selbst und verlieren damit ihre Bedeutung.)

ES TRITT AUF: DIE POWERPOINTFOLIE

Eine der wichtigsten (Neben-)Darstellerinnen in diesem Zusammenhang von Haupt- und Nebensachen muss einen eigenen Auftritt bekommen: die Powerpointfolie. Sie ist eine Diva und will entsprechend hofiert werden. Es ist ihr egal, welchen Text sie zu sprechen hat (gerne weniger als mehr, manchmal auch gar keinen), aber es ist ihr definitiv nicht egal, wie sie aussieht. Es gibt einen eigenen Diva-Kodex. Anzahl, Größe und Farbkombinationen ihrer Garderobenteile sind streng reglementiert. Sie kennt sich aus und weiß, sich vorteilhaft zu kleiden. Die Schleife mit der wunderbaren Zukunftsperspektive zum Beispiel befindet sich selbstverständlich immer rechts oben im Haar, niemals links oben oder gar links unten, am Hüftspeck sozusagen. Die unschönen Kurven von links unten werden nach rechts oben zur Zukunft hin wunderbar ins Positive verwandelt. Die Diva ist mit Recht so empfindlich, weil sie allzu oft beleidigt und wieder weggeschickt wurde aus den Zimmern der Entscheider. »So geht die mir nicht aus dem Haus!«, hallt es noch lange in ihrem Ohr, wenn der Beamer längst erloschen ist. Nicht dass sie etwas Falsches gesagt hätte – es hört ihr ohnehin kaum einer zu – nein, weil sie »unmöglich« aussah. Schwierig ist dabei natürlich, dass die Vorlieben der Herren und Damen Entscheider unterschiedlich ausgerichtet sind. In der Regel orientiert sich die Diva deswegen am Geschmack des Wichtigsten der Wichtigen. Aber bis sie das herausgefunden hat (erstens wer der Wichtigste ist, zweitens welchen Geschmack er hat), muss sie sich bis zu fünf Mal am Tag umziehen. Sie will sich zu den Verabredungen ja nicht verspäten und hat schon mal – aus Gründen der Sicherheit – ein paar Ersatzkleider in anderen Farbtönen im Backup-Case dabei. Die Mühe hat sich gelohnt, wenn sie schon bei ihrem Auftauchen den Blick des Betrachters an sich ziehen kann. Und er tatsächlich ein paar Sekunden still auf ihr ruhen bleibt. Dann weiß sie, sie hat alles richtig gemacht. Dann erübrigt sich jedes Wort. Sie bleibt noch einen Atemzug lang stehen, bevor sie mit einem Lächeln entschwindet.

Naive und in diesem Business noch unerfahrene Menschen mokieren sich bisweilen über diese aufwendigen Modeschauen und finden, man könne doch einfach sagen, was man meine, ohne viel Tamtam. Mitleidig lächelt da die Diva: Nein, das kann man eben nicht. Das wäre peinlich, um nicht zu sagen obszön. Man stelle sich vor: splitternackt im Meeting!

DIE FOLGEN: DAS PRIMÄRE GERÄT AUS DEM BLICK

Die Verlagerung der Aufmerksamkeit auf das Sekundäre ist alltäglich geworden im Organisationsleben. Die Tagesordnung einer Konferenz kann bis zum Bersten voll sein mit komplizierten Themen – und die Teilnehmer bringen es fertig, beim erstbesten Punkt hängen zu bleiben, in der Regel an einer kleinen nachrangigen Frage, die aber so beschaffen ist, dass alle eine Meinung entwickeln und sich wie entfesselt in die Diskussion werfen. Auch wenn oder gerade weil es nur um die veränderte Mittagskarte der Kantine oder um das Giveaway auf der nächsten Messe geht. Ob aus Erschöpfung über die großen (unlösbaren) Fragen oder aus Kalkül (damit der heikle Punkt x nicht mehr zur Sprache kommt) oder aus Freude, endlich auch mitreden zu können, oder weil es ohnehin folgenlos bleibt, was auf dieser Konferenz beschlossen wird – die Nebensachen sind beliebt.

Sie werden immer beliebter und damit wichtiger. Denn: Zeit, Geld und Konzentrationsfähigkeit sind begrenzt. Das, wofür wir diese knappen Ressourcen einsetzen, das wird genau dadurch wichtig, auch wenn es das »eigentlich« vorher nicht gewesen war.

Das Sein bestimmt das Bewusstsein. Auch das Nebensächliche.

Symptom 4:
BESPIEGELUNGEN

Es treten auf: Narziss, Heidi, Dieter und andere Experten für Impressionmanagement und Pseudo-Events.

Woher weiß der Mensch, dass es ihn gibt? Weil er sich im Spiegel anschauen kann. Und woher weiß er, dass er schön ist? Weil der Spiegel zu ihm spricht: »Ja, du bist die Schönste im ganzen Land.« Ein Königreich für solch eine Antwort!

Seit den Zeiten, als der schöne Jüngling Narziss sich in sein Spiegelbild verliebte, gehört eine satte Portion Eigenliebe zur Grundausstattung derer, die sich nicht mit Nebenrollen zufrieden geben. Der Narzissmus ist weit verbreitet und außerordentlich hilfreich für alle, die das Rad der Welt schneller drehen wollen mit ihren Initiativen und Visionen. Es gibt allerdings auch die Menschen, die nicht recht wissen, ob sie sich selbst mögen sollen; es aber zu gerne würden. Für sie ist der sprechende Spiegel noch wichtiger. Sie suchen ihn.

Was für den angehenden Selbst-Lieber zählt, ist die Reaktion, die er erhält, und welche Reichweite sie hat. Ich erhalte Resonanz, also bin ich. Je mehr Spiegel, je besser.

AUSWEITUNG DER BÜHNENZONE

Seit jeher üben daher die Künste, die Bühnen, das Showbusiness eine magische Anziehungskraft aus, vor allem auf alle, die durch den Beifall des Publikums zu Höchstleistung stimuliert werden und so (erst) zu ihrem vollen Ausdruck und ihrer ganzen Kraft finden.

Verhältnismäßig neu sind zwei für den großen Wahnsinns-Kontext interessante Entwicklungen: erstens die Ausweitung der Bühnenzone in die vormals eher nüchterne und applausarme Arbeitswelt, sprich ins Büro. Vorhang auf, Beamer an.

Und zweitens die Erfindung der Casting-Shows in den TV-Redaktionen. Aus dem ursprünglichen Casting, der routinemäßigen Besetzungspraxis für ein Theaterstück oder einen Film, wurden die bekannten Shows. Die Nachfahren von Schneewittchens Stiefmutter fragen nicht mehr alte Wand-Spiegel, sondern meinungsbildende Autoritäten: Bin ich schön? Werde ich reich? Komme ich an? Heidi und Dieter sind die modernen Spiegel und Resonanzverstärker. Es geht allerdings nicht um reale, wirklich zu besetzende Rollen (so viele gäbe es gar nicht), sondern um Selbsterregung. So nennt der Physiker das Entstehen von Schwingungen, die zunächst eine positive, später aber eine negative Rückkopplung in Gang setzen.

Ein klassischer Selbsterreger ist zum Beispiel ein Generator: Er erzeugt selber den Strom, der zu seiner Erregung (also zu seinem Funktionieren) erforderlich ist. Das Prinzip der Casting-Show lautet entsprechend: Erzeuge den Wind selbst, auf dem du segelst.

In den Büros der Unternehmenswelten vollzieht sich Ähnliches. Das Arbeiten dort entwickelt sich zunehmend zu einer Casting-Show. Es beginnt mit den Assessment-Centern, die die Kandidaten das Fürchten lehren: Alle wollen rein und bibbern vor den Aufgaben, die sie unter Beobachtung lösen sollen – und dann natürlich auch vor dem Urteil der Jury, dem gefürchteten »Feedback«. Es ist Schneewittchens alter Spiegel in neuer Form, der da spricht. Noch ist es aber nur ein Casting, ein Auswahlprozess für real zu vergebende Rollen. Das Assessment Center ist nicht öffentlich – und das Feedback der einzige Spiegel. Noch gibt es keine Spiegelungen vom Spiegel, keine sich selbst verstärkende Show um ihrer selbst willen. Die Initiatoren der Veranstaltung sind im Gegenteil meist sehr bemüht, passable Kriterien zu finden und anzuwenden, um die Besten zu identifizieren und einzustellen.

Entscheidender ist, wie es für die Kandidaten nach Bestehen des Auswahlverfahrens weitergeht. Denn wer glaubt, mit dem Vorsingen sei es jetzt vorbei und nun wird gearbeitet, hat sich getäuscht. Jetzt beginnt das Performance-Programm erst, und zwar streng öffentlich. Jedes Meeting, jedes Projekt, irgendwann auch jedes Kantinengespräch und jeder Kollegenstammtisch wird zur Bühne, auf der Ingenieur X oder Expertin Z wieder und wieder »performen«, nämlich den möglichst besten Eindruck hinterlassen müssen. Dass sie für eine Rolle, eine bestimmte Position be- und gesetzt worden sind – eigentlich der Sinn des Auswahlprozesses –, heißt gar nichts. Stattdessen gilt: Sie können sich nie sicher sein, ob sie genügen. Auch ein unbefristeter Vertrag schützt nicht vor Kaltstellung. Besser, sie beginnen sofort damit, ihr Image zu polieren und permanent Feedback einzuholen, ob sie ankommen, wie sie ankommen. Besser, sie hören gar nicht mehr auf damit, bei den richtigen Leuten den richtigen Eindruck zu hinterlassen.

Weit verbreitet sind dabei befristete Zweckgemeinschaften der gegenseitigen Belobigung. Applaudierst du mir, applaudiere ich dir. Befristet sind sie, weil die Beteiligten sich irgendwann selber zur Konkurrenz werden. Dann gilt es, sich ab- und anderen Spieglern zuzuwenden.

KERNKOMPETENZ WINDMACHEN

So viele Erfolgsgeschichten wie heute waren noch nie zu hören im alltäglichen Betrieb. Als existierte die Wunde der Bedeutungslosigkeit nicht, werden Lebensläufe aufgedonnert, Power-Profile gestanzt, Erfolgsstorys in Umlauf gegeben. Dass die Inflation der Selbst-Behauptungen diese im selben Moment auch entwertet, peitscht den Kreislauf nur weiter an.

Die Vor-Spiegelungen funktionieren auch umgekehrt: Wenig hat im direkten Arbeitszusammenhang eine so unmittelbare Wirkung wie ein gut platziertes Lob. Der Unterschied zwischen aufrichtiger Anerkennung und gezielter Schmeichelei, mit dem Ziel, noch eine weitere Tanzeinlage vom Kandidaten gratis zu bekommen, verschwimmt. Die härteste Strafe ist jedenfalls die Nichtbeachtung. Und um hier den arg strapazierten Begriff der Wertschätzung kurz anzutippen: die Klage, dass es heutzutage viel zu wenig davon gibt, deutet sehr auf diese tiefe Angst vor der Bedeutungs-, sprich Resonanzlosigkeit hin. Dahinter lauert die kaum verhohlene Bitte: »Sag mir, gibt es mich? Bin ich gut? Bin ich schön? Bin ich wichtig?«

Der gut ausgebildete Narzisst, der das von sich selber absolut sicher weiß, den ein katastrophales Feedback gar nicht erreicht, geschweige denn irritiert, ist gar nicht mehr so oft anzutreffen. Zahlreicher sind die Zweifelnden, die aber nicht zu unrecht glauben, dass sie sehr viel selbstverliebter und selbstsicherer werden müssten, um mitspielen zu können. Wir kennen die aparte Abschiedsfloskel für Casting-Show-Kandidaten, die ohne Foto oder Vertrag nach Hause müssen: »Du musst noch an deinem Selbstbewusstsein arbeiten.« Gemeint ist natürlich die Selbst-Behauptung.

IMPRESSION-MANAGEMENT FÜR EINSTEIGER

Die Business-Vokabel für Eindruckschinden heißt nicht Casting-Show, sondern »Impression-Management«. Dabei wäre »Cast« das durchaus passende Wort. Es bezeichnet ursprünglich den Gießling, der dem einfließenden Blei seine Form »eindrückt«.

Für den richtigen Eindruck zu sorgen ist eine Kunstform, die sehr viel Arbeit macht; die Überwindung, Durchhaltevermögen, Disziplin, Erfindungsreichtum und Risikobereitschaft erfordert. Impression-Management bedeutet konkret zum Beispiel, für die wichtigen Meetings und Shows überhaupt eine Einladung zum Mitspielen zu ergattern. Im Grunde egal, mit welchem Thema. Falls genügend Geigenspieler vorhanden sind, dann muss man schon mal auf Trompete umstellen, und falls auch dort Gedrängel herrscht, hole man die alte Trommel aus den Datenkellern des Vorjahres hervor, bespanne sie neu und behaupte kühn, dass ohne sie das ganze Ensemble den richtigen Ton nicht finden werde. So schafft man es auf die Teilnahmeliste – und das Trommelsolo steht auf der Agenda.

Diejenigen, die dieses Mal leider draußen bleiben mussten, dürfen dafür wenigstens ausgiebig lästern. Über die Industrieschauspieler, die Blender, die Wichtigtuer. Sie können behaupten, sie wollten da ja gar nicht rein. Und wo sie schon mal draußen stehen, stehen sie natürlich auf jeden Fall drüber, über diesem Theater.

Drinnen ist es in der Tat auch gar nicht so lustig. Denn hier läuft jetzt die Performance-Show – und schließlich wird auch das Urteil gefällt. Drei Varianten der Aburteilung sind für die Teilnehmer möglich: 1. Unsichtbar geblieben, aber überlebt. Das ist respektabel. 2. Überraschend einen Treffer gelandet; das ist selten und produziert Glücksbotenstoffe respektive Neid respektive umfangreiche Zusatzarbeit. 3. Gedemütigt worden, vor versammelter Mannschaft. In diesem Fall kann es nur heißen: Aus der Türe des überhitzten Meetingraums wanken, hinaus in den Flur zu den lästernden, aber interessierten Zaungästen, und das Lächeln anknipsen. Denn Einsteckenkönnen ist eine Schlüsselkompetenz – die inzwischen allerdings gelernt, um nicht zu sagen internalisiert ist. Hatte ein Kandidat nämlich Glück und eine gute sogenannte Potenzialförderung, dann ist er vom Chef oder der Abteilung Personalentwicklung frühzeitig in solche Gremiensitzungen als Reality-Training geschickt worden, um sichtbar zu werden (»Visibility«) und sich zu bewähren. Denn nur da gibt es die relevanten Spiegel, die relevante Resonanz geben.

»X war gar nicht schlecht«, lautet die ultimative glücksverheißende Nebenbemerkung einer leitenden Führungskraft über den Kollegen der mittleren Ebene, die diesen quasi für die nächste Runde qualifiziert. Je mehr solcher Veranstaltungen X für sich entscheiden kann, desto mehr Preisgeld und bessere Verträge winken.

Die permanente Imagepflege ist nichts weniger als schiere Notwendigkeit. Gegen die Not des Vergessens. Die aktuellen Arbeitskontexte wechseln so rasant, dass sich kein bleibender Eindruck langfristig aufbauen lässt. Vierteljährlich kommen neue Mitarbeiter, Chefs, Kollegen, Projektverantwortliche, Kunden. Es herrscht epidemische Erinnerungslosigkeit. Immer wieder muss man neu anfangen. Es ist unmöglich, sich dauerhaft in einem nicht mehr vorhandenen kollektiven Gedächtnis zu etablieren. Zumal bei der unübersichtlichen Konkurrenzlage.

Für alle gilt dabei dieselbe Regel: Ich beeindrucke, also bin ich. Oder: Ich produziere, also produziere ich – mich.

SELBSTERREGUNG OHNE ENDE?

Was kann man nun als Folgephänomene dieser Selbsterregungskreisläufe beobachten? Sie bedeuten erstens, dass jeder wie ein Stromgenerator immer selber dafür sorgen muss, am Laufen, sprich im Bewusstsein der anderen zu bleiben. Es kommt keine Zufuhr von anderswo her. Das ist die Anstrengung, die zur sonstigen »Arbeit« dazukommt und ohne die diese wertlos (weil bewertungslos) bleibt.

Zweitens: Es kommt zu den bereits erwähnten Rückkoppelungsprozessen. Denn alle tun es. Alle beeindrucken sich permanent gegenseitig. Die Resonanzen verstärken die Resonanzen, bis der Lautsprecher anfängt zu pfeifen. Die Spiegel spiegeln sich gegenseitig, und wir finden uns in einem Spiegelkabinett wieder, das kaleidoskopartig alle Bilder zu einer unendlichen Illusion vervielfältigt. Unendliche Fluchten tun sich auf – aber kein Ausweg, nirgends.

Computer wirken in diesem Sinne als Trendverstärker. Ihre Algorithmen vervielfachen eine Mücke so oft und so schnell, dass daraus in Sekunden eine wildgewordene Elefantenherde werden kann. Auch unsere medial hochgerüsteten Meinungsmärkte funktionieren als gigantische Rückkopplungsmaschinen. Gerüchte vervielfältigen sich und katapultieren sich in immer neue Umlaufbahnen. Hypes werden so geboren. Zuerst gilt es, sie auszulösen, dann sie zu benutzen, schließlich, nicht unter einem von ihnen begraben zu werden.

Denn hier lauert eben auch die Gefahr für die Dauer-Image-Pfleger: eine falsche Geste – und die Spiegel wiederholen endlos diese eine falsche Bewegung. Wer dann zum Ausgang des Kabinetts rennen will, knallt nur an den nächsten Spiegel und holt sich eine blutige Nase. Der Pullitzer-Preisträger Daniel J. Boorstin[7] hat in seinem Buch »The Image« bereits Anfang der 60er-Jahre diesen

Vervielfältigungs-Effekt einen »Pseudo-Event« genannt. Er sprach von den sogenannten Prominenten, die nur bekannt für ihre Bekanntheit waren und für sonst nichts. Inzwischen gibt es diese Prominenz nicht nur in den Vorabendserien und Shows im Fernsehen, sondern sie tanzen durchs Hauptprogramm der besten Unternehmen. Niemand weiß genau, was die Besagten eigentlich können – aber sie werden permanent in den relevanten Business-Kreisen genannt. Und das macht Eindruck. Die müssen einfach unglaublich was drauf haben, so präsent wie sie sind.

Solche Illusionen durch Rückkopplungsprozesse sind übrigens nicht nur mit Personen, sondern auch mit Daten zu veranstalten. Ausgewählte Zahlen-Kombinationen müssen nur häufig genug hin und her projiziert werden, schon entsteht eine überwältigende und sich selbst verstärkende Pseudorealität. Ein Fake.

Symptom 5:
LOGISCHE UMKEHRUNGEN

Es treten auf: der mächtige Überstrahleffekt, grobe Denkfehler, tolle Trugschlüsse und der ungesunde Menschenverstand

Traditionellerweise braucht ein Manager Zeit, um gute Resultate zu erreichen. Inzwischen braucht er zuerst die richtigen Resultate, um Zeit zu bekommen. Im Profifußballgeschäft ist diese Mechanik bereits seit Langem etabliert: Gewinnt ein neuer Trainer das erste Spiel, kann er etwas durchatmen; verliert er die ersten drei, kommt er erst gar nicht zum Arbeiten. Die »richtigen Resultate« verweisen scheinbar darauf, dass genau er es war, der sie ursächlich produziert hat. Auch wenn er erst seit drei Wochen auf dem Platz respektive in der Abteilung ist. Ein bestimmtes Ergebnis wird als Folge seines »Wirkens« gesehen – und es wird genau dadurch zum Grund dafür, dass er einen kleinen Vertrauensvorschuss und etwas Zeit bekommt, um dann tatsächlich das ein oder andere konsequent anpacken zu können.

Das ist die klassische Verwechslung von Ursache und Wirkung, die gern auch im Misserfolgsfall zur Anwendung kommt. Im Zuge der jüngsten Finanzkrise erwischte es manche neu in Funktion Gekommenen besonders kalt: Sie mussten ihren Hut nehmen, den sie doch gerade erst im neuen Büro abgelegt hatten; weil sie in ein Desaster gerieten, das just im Moment ihres Erscheinens aufbrach.

HERR ROSENZWEIG SAGT: HALO!

Phil Rosenzweig[8] widmet ein ganzes Buch dem sogenannten »Halo-Effekt«, einer Art Überstrahl-Effekt, bei dem es um logische Irrtümer und fehlerhafte Schlussfolgerungen geht. Es werden Faktoren zu einem Gesamtgebilde verknüpft, die ursächlich gar nichts miteinander zu tun haben müssen. Bekanntes Phänomen aus dem Alltagsgeschehen: Man lernt einen höflichen und zuvorkommenden Menschen kennen, und (eben deswegen!) traut man ihm auch zu, zuverlässig, verantwortlich handelnd und klug zu sein. Die meisten Menschen tun sich schwer damit, einzelne Eigenschaften unabhängig voneinander zu verarbeiten; wir sind im Wesentlichen darum bemüht, ein konsistentes Gesamtbild zu formen, das ohne Widersprüche auskommt. Darauf bauen Heiratsschwindler und Trickbetrüger ihr Geschäft auf.

ÜBERSTRAHLUNGEN ALLÜBERALL

Eine nicht überschaubare Menge an Managementliteratur, Studien und wissenschaftlichen Untersuchungen versucht die hochinteressante Frage zu beantworten, wann und wie ein Manager bzw. ein Unternehmen erfolgreich ist. Rosenzweig straft einen Großteil der so entwickelten und formulierten Checklisten und Erfolgsfaktoren Lügen, er listet stattdessen zahlreiche Beispiele für grobe Denkfehler auf.

So fällt auf, dass die Erfolgs-Ursachenforschung in der Regel aus der Rückschau heraus geschieht. Meist werden »erfolgreiche« Unternehmen untersucht (die Kriterien für »erfolgreich« sind dabei oft verwaschen), weil man da die Geheimnisse und Erfolgsfaktoren vermutet und sie freilegen will. Aber auch bei den als »erfolgreich« definierten Unternehmen überstrahlt ein gutes Ergebnis oft einiges, manchmal Entscheidendes, zum Beispiel seinen Entstehungsprozess. Wo Rauch ist, muss Feuer sein, also wo ein gutes Resultat ist, muss gut gearbeitet worden sein – so heißt die dissonanzfreie Überstrahlung in solchen Fällen.

Konkretes Beispiel: Mit einer Studie will man den Zusammenhang zwischen Teamerfolg und der Qualität der Zusammenarbeit herausfinden und befragt intensiv ein Team. Natürlich ein erfolgreiches Team. Nehmen wir an, dieses Team hat soeben einen Preis für seine Arbeit gewonnen. Wie werden die Teammitglieder das Teamwork wohl beschreiben? Höchstwahrscheinlich ziemlich positiv, vielleicht sogar versöhnlich gestimmt mit denjenigen im Team, mit denen sie sich über Monate hinweg gestritten haben. Diese »Idioten« können im Glanz des Momentes zu tollen Kollegen mutieren, an denen man sich »produktiv gerieben« hat. Die Querelen sind in der Rückschau Zeichen für besonderes Engagement. Und der Chef war nicht etwa beratungsresistent oder hat sich brachial durchgesetzt, sondern sich nicht beirren lassen und letztlich alles genau richtig gemacht.

Unschwer auszurechnen auch, wie die nicht so erfolgreichen Teams und ihre Mitglieder, also die Verlierer nachträglich über ihre Zusammenarbeit sprechen werden. Aber sie werden meist nicht gefragt. Nur die Gewinner dürfen Dinge sagen, wie: Wir haben immer an uns geglaubt, hart gearbeitet und alles gegeben. Das haben die Verlierer möglicherweise ebenfalls – nur stehen sie nicht im Licht oder am Mikro.

Aus solch krummem Holz sind zahlreiche wissenschaftliche Untersuchungen geschnitzt, und sie kommen zu überraschend ähnlichen Schlussfolgerungen, nämlich zu jenen Performancefaktoren, »die« – wie Phil Rosenzweig anmerkt – »den gesunden Menschenverstand unmittelbar ansprechen«, als da wären: eine starke Unternehmenskultur, mutige Ziele, die die Mitarbeiter anspornen, eine experimentierfreudige Atmosphäre, das Streben nach Spitzenleistung, eine gute Mitarbeiterentwicklung, eine klare Unternehmensphilosophie und anderes mehr.

Im Fall eines Misserfolges verflüchtigt sich die experimentierfreudige Atmosphäre ebenso wie die Unternehmenskultur nicht mehr als stark empfunden wird. Das ist nachvollziehbar und sogar logisch.

Allein: Es handelt sich jeweils nicht um die Ursachen von Erfolg und Misserfolg, sondern um Begleiterscheinungen, also Folgen derselben. Denn leider bedeuten schlechte Ergebnisse nicht immer, dass Fehler gemacht wurden, und gute Ergebnisse nicht, dass gut gearbeitet wurde. Dafür sind zu viele Faktoren im Spiel, die sich selber wieder gegenseitig beeinflussen und verändern (eine gute Strategie wird schnell nachgeahmt und schon klappt sie nicht mehr, weder beim Vorreiter noch beim Nachahmer), neue technische Möglichkeiten tauchen auf, Konstellationen verschieben sich unmerklich, haben aber große Auswirkungen usw.

EIN RECHT ZU LEBEN HABEN NUR DIE, DIE ETWAS HABEN

So ist es nahezu unmöglich, bestimmte Resultate in komplexen lebendigen Systemen vorherzusagen. Und darum geht es im Ursachen-Finde-Spiel: Wenn ich nur die richtigen Zutaten nehme, dann erfolg(t) das gewünschte Resultat. Selbstverständlich würde das niemand in dieser Naivität behaupten. Angeblich wissen wir doch alle um die Komplexität undsoweiter ... Dennoch beruhen einschneidende Mangemententscheidungen auf genau dieser Verwechslung von Ursache und Wirkung.

»Die oder der hält sich schon recht lange« ist bisweilen zu hören und gemeint ist damit: Er oder sie macht ihren Management-Job wohl ganz gut, denn – Rückschluss! – sonst wären sie ja bereits gescheitert. Gemäß dieser Argumentation ist Berlusconi einer der besten, erfolgreichsten Regierungs-Chefs, die es je gab. Sogar wiedergewählt wird er regelmäßig.

Aus in sich völlig hohlen Zirkelschlüssen – was oder wer hat rückblickend den Gewinn gebracht oder den Verlust verschuldet? – werden sowohl Budgetzuteilungen wie Leistungsprämien oder gewaltige Restrukturierungen begründet. Und durchgezogen. Deswegen sind sogenannte »quick wins« so wichtig, die schnellen Gewinne. Sie adeln den aktuellen Manager; dabei ist egal, wie sie zustande kommen. Sie erhöhen seine Chancen massiv, Unterstützung, Ressourcen, Geld etc. zu erhalten. Ein Erfolg ist ein Erfolg ist ein Erfolg: Er erfolgt aus einem Erfolg und auf ihn folgt ein Erfolg – das ist natürlich auch wieder ein Trugschluss, aber das interessiert im Moment des Sieges niemanden, am wenigsten denjenigen, der aktuell für den Vater des Erfolges gehalten wird.

Dabei zeigt sich – sozusagen im toten Winkel dieser Argumentationsweise – eine altbekannte Art von Verknüpfung. Heinrich Heine hat sie so formuliert:

»Hat man viel, so wird man bald noch viel mehr dazu bekommen.

Wer nur wenig hat, dem wird auch das Wenige genommen.

Wenn du aber gar nichts hast, ach, so lasse dich begraben; denn ein Recht zu leben, Lump, haben nur, die etwas haben.«

DER MENSCH KANN SCHWERLICH WISSEN, WAS ER WOLLEN SOLL

Verstehen tut der Mensch meist im Nachhinein (oder eben auch nicht), aber leben muss er im Voraus-Modus. Die Tatsache, dass er nicht mehr genau weiß, wohin ihn ein bestimmter Schritt führen wird, dass er nur wenig verlässlich ausrechnen oder prognostizieren kann, dass er sich aber nichtsdestotrotz für etwas entscheiden muss, führt zu einer interessanten Situation: Ich weiß noch nicht, wohin ich gehen will, aber ich laufe schon mal los.

Gegen das Finden des Zieles beim Gehen des Weges ist nichts einzuwenden. Das ist eine Möglichkeit, oft sogar die einzige, wenn man an der Vorstellung eines Zieles festhalten will. Bereits Kant, der große Logiker, hat unumwunden zugegeben, dass der Mensch nur schwerlich wissen könne, was er letztlich wollen solle.

Es ist also keine Schande, um diese konstitutive Unsicherheit zu wissen und sich entsprechend zu bewegen. Das aber geschieht im so zielorientierten Business gerade nicht. Stattdessen wird laut und grell Zielklarheit behauptet, wo keine ist. Und das führt zu abstrusen Situationen. Paradigmatisch dafür steht die »Auftragsklärung«. Sie ist die ultimative Absprungbasis für jedwedes Projekt, unzählig sind die Mahnungen der Projektmanagementbücher, wie wichtig gerade eine präzise Auftragsklärung am Beginn jeder Unternehmung ist. Und es stimmt, es handelt sich wirklich um eine prinzipiell hilfreiche Sache. Sie funktioniert in der Theorie folgendermaßen: Der Auftragnehmer – ein Zulieferer oder Dienstleister – fragt den Auftraggeber, was er haben will (wie es aussehen soll, was ein bestimmtes Gerät können soll usw.), dann entwickelt er ein Konzept, wie das gebaut oder bewerkstelligt werden könnte, was der Auftraggeber haben wollte. Das legt er ebendiesem wieder vor, die beiden justieren noch einmal nach, konkretisieren Einzelfragen, entscheiden sich für die beste Variante, dann legt der Zulieferer los und setzt das vereinbarte Konzept um. So weit, so gut, so völlig unwahrscheinlich.

Im realen Konzernleben wird bereits die erste und grundlegende Frage jeder einigermaßen anspruchsvollen Auftragsklärung, nämlich: »Was brauchen Sie?« nicht mehr beantwortet. Wie soll das neue Produkt aussehen, das die nächste Verkaufsgeneration anführen wird? Was beinhaltet eine zukunftsorientierte Managementwicklung? Mit welchem Energiekonzept fahren wir am besten? Welcher Geschäftsprozess passt zu unseren Kundenbedürfnissen? Welche Kunden wollen wir gewinnen? Die wichtigsten Fragen werden einfach nicht beantwortet. Entweder weil es wirklich niemand weiß, oder weil man sich darüber nicht einig wird. Das ist nachvollziehbar, denn die Fragen sind nicht trivial.

Nur schwer nachzuvollziehen ist aber die Umkehrung der Bringschuld: Es ist plötzlich der Auftragnehmer, der – ohne dass er wüsste, was genau von ihm verlangt wird – gefälligst ein überzeugendes Konzept vorzulegen hat, das dem Auftraggeber eine Vorstellung davon gibt, was er wollen könnte. Das wird natürlich so nicht ausgesprochen. Ganz im Gegenteil, wenn der Auftragnehmer zu viel nachfragt, wird ihm schnell vorgehalten, dass man schon irritiert sei und an seiner Kompetenz zweifeln müsse, wenn er noch nicht einmal in der Lage sei, einen allerersten Entwurf zu machen. Still trottet der Zurechtgewiesene von dannen.

IM HERZEN DER AMBIGUITÄT

Wer diese Bredouille vermeiden will und etwa erst mit der Arbeit loslegt, wenn der Auftrag klar ist, hat bereits verloren. Nicht nur viel Zeit, auch seinen Auftrag. Mitarbeiter, die mit einer Arbeit erst anfangen wollen, wenn klar ist, was dabei herauskommen soll, stoßen ebenfalls auf den Unwillen ihrer Chefs: Nun delegiere man doch schon einmal wichtige Themen im Vertrauen auf die Kreativität und Eigenverantwortlichkeit der Mitarbeiter, dann mögen sie diese auch einsetzen und sich nicht alles vorkauen lassen. Was dabei übersehen wird: Der Chef, der weiß, was er haben will, wird seine Mitarbeiter sehr genau instruieren, dieses exakt so umzusetzen, ohne die geringste Abweichung – nur wo prinzipiell noch die Idee fehlt, da werden immer öfter »die unteren Ebenen« nach vorne geschickt, gerne auch parallel mit derselben unklaren Auftragsstellung: So kann der Chef gut selektieren, welche Rätsellösung ihm am besten gefällt. Und hält sich dabei alle Optionen bis kurz vor zwölf offen. Konkret:

Lange ist unklar, ob das neue Produkt eher potentielle Neukunden oder Stammkunden ansprechen soll, ob es weltweit oder nur in Europa erhältlich sein wird. Oder: Die jährliche Managementversammlung steht an, es ist aber noch unklar, welche Hauptbotschaft verkündet werden soll (weil man noch nicht einschätzen kann, wie in vier Wochen die interne Stimmung oder die Konkurrenz-Bewegungen oder die mediale Bewertung des neuesten Produkt-Launchs ausfallen werden) – dennoch muss der dazu passende Film, der traditionell der Vorstandsrede vorausgeht, produziert werden. Die beauftragte Agentur ist Ratespiele dieser Art bereits gewohnt. Es ist nicht der erste Film, den sie entwirft, ohne zu wissen, worauf er am Ende hinauslaufen soll. Das kennzeichnet gute Dienstleister, dass sie in sogenannten ambiguen Situationen handlungsfähig sind. Sprich: dass sie sich von logischen Ungereimtheiten nicht irritieren lassen, sondern frohen Mutes loslegen. Das Risiko, das sie dabei eingehen, ist nicht unbeträchtlich – das Ganze ähnelt einer Lotterie – aber wer nichts wagt, der ist hier nicht zu gebrauchen. Denn auch die begeben sich ins Risiko, die (durch Erfahrung klug) lange nur so tun, als ob sie etwas tun, dabei aber die Ohren offen halten und die Nerven haben, so lange abwarten, bis sich »die Ebene« drüber positioniert. Es kann sein, dass es gelingt, dass sie dann tatsächlich wissen, was entwickelt werden soll. Da sie wenigstens nicht vom vielen Umsonst-arbeiten ausgelaugt sind wie alle anderen, die sich schon wochenlang im Kreis herumtreiben ließen, können sie und ihr Team in drei 24-Stunden-Schichten Enormes leisten und fast jede Nuss knacken.

WENIGE OPTIONEN SIND GUTE OPTIONEN

Es gibt noch eine Möglichkeit: Dass noch offen ist, was es zum Mittagessen gibt, dass aber schon einmal die Zutaten dafür eingekauft werden müssen, hat auch einen zentralen Vorteil, der clever genutzt werden kann. Mit jedem Schritt, der schon einmal gesetzt wird (mit jeder Zutat, die in den Einkaufswagen gelangt), reduziert sich die Anzahl der möglichen Rezepte drastisch. Komplexität verringert sich ganz erheblich, und das ist wunderbar für eine zum Handeln entschlossene Führungskraft. Wenn sie erst einmal loslegt, dann sind viele Optionen schon bald gar nicht mehr möglich – in der Regel sind es solche, die ihr ohnehin nicht geschmeckt hätten. Das Ziel muss sich dann danach richten, was überhaupt noch übrig bleibt an Möglichkeiten. Das ist der große Vorteil des Handelns. Vieles erübrigt sich von selber und kommt nicht mehr in Betracht.

So ergibt sich aus ein und derselben Unlogik durchaus Unterschiedliches: Einmal werden zahlreiche potentielle Lösungen durch schnelles Losstürmen schon frühzeitig verunmöglicht, ein anderes Mal werden gigantische Kräfte (an Geld, Kreativität, Arbeitsstunden, Nerven) verschleudert, weil es über Wochen und Monate ein Hin und Her zwischen 17 Optionen gibt. Oder: Jede Initiative kann abgebügelt werden von denen, die entweder kein Interesse daran haben oder die sich nicht aus der Ruhe bringen lassen wollen – stets mit dem Verweis darauf, dass »die Rahmenbedingungen« noch nicht klar bzw. »von oben« nicht freigegeben sind. Sobald die entsprechenden strategischen Entscheidungen gefallen seien, würde man zur Tat schreiten. (Das wird natürlich in dieser Dekade nicht mehr der Fall sein). So hat alles seine guten Seiten. Ein jeder, wie er's gerne hätte.

Noch einmal zur Erinnerung: eine gemeinsame Suchbewegung, um Entscheidungen in schwierigen Fragen zu treffen und das damit einhergehende Risiko zu tragen, ist etwas kategorial anderes.

ES GIBT SIE NOCH, DIE GUTE ALTE LOGIK

Nicht jede Form von Logik ist verloren gegangen. Keineswegs. Im Windschatten des Phänomens der logischen Umkehrung in grundlegenden Fragen gedeihen nach wie vor kleine, feine Ursache-Folge-Ketten in nachgelagerten Themen. Sie basieren auf Erfahrung, sind tauglich für den Businessalltag und folgen dem klassischen Wenn-dann-Schema. Weit verbreitete Beispiele solcher Sekundär-Logiken sind sämtliche Varianten von: Tust du mir nichts, tue ich dir nichts.

Oder kommunikationstechnisch gesprochen: Je wichtiger eine Sache, desto lustiger das Geplauder im Vorfeld, desto später wird sie angesprochen. Aber auch: nicht zu freundlich sein, das gilt in bestimmten Kreises als Unterwerfungsgeste.

Relevant für die Karriereplanung kann auch diese Logik sein: Ich darf nicht zu gut sein, sonst komme ich von der Position hier nie weg. Und dies hier ist ein Präsentationslogikklassiker: »Give me something to hate«, was so viel heißt wie: Die ersten drei präsentierten Versionen eines Konzepts werden eh immer zerrissen, es heißt also, den selber präferierten Vorschlag so lange unter Verschluss zu halten, bis die Mordlust der Entscheider gestillt ist.

Nicht zuletzt gilt natürlich die ewige Teamzusammenstellungs-Logik: Verlange ich zehn Leute, bekomme ich fünf, also verlange ich 20. Sollte ich überraschenderweise 20 bekommen, steckt dahinter sicher auch eine Logik. Dann wollte der Budgetgeber zum Beispiel meinem Kollegen eins auswischen und hat seine zehn gestrichen. Dass ich nun doppelt so viele Leute beschäftigen muss, ist unpraktisch, aber verschmerzbar, bedenklicher stimmt mich, dass der Kollege auf Rache sinnen wird. Das kann dann teuer werden. Logisch.

Symptom 6:
SPRACHPERVERSIONEN

Es treten auf: exzessives War-Wording, emotionale Beschwörungen und Vokabeltabus

Es wird viel geredet in den Unternehmen. Je höher die Hierarchiestufe, desto weniger wird geschwiegen oder geschrieben. Der Tag besteht aus nahtlos aneinandergereihten Redeanlässen: Absprachen, Rücksprachen, Telefonate, Verhandlungen, Meetings, Gespräche am Rande des Meetings, Ansagen, Statements usw.

Dass die Sprache ein Eigenleben führt und nicht notwendig das bedeutet, was sie behauptet, ist bekannt. Dennoch leiden die meisten von uns an der tradierten Vorstellung, dass, was gesagt wird, irgendwie auch etwas mit der Wirklichkeit zu tun haben müsste. Beim Thema Wahnsinn ist die Bedeutung der Kommunikation durchaus beachtlich, denn: Wer etwas versteht – und wer sich verständlich machen kann – der wird erstmal nicht verrückt. Dagegen ist, wer »nichts mehr versteht« und permanent kopfschüttelnd durch die Gegend läuft, sehr gefährdet.

Deswegen an dieser Stelle der Blick auf einige Phänomene und Entwicklungen aus der Wörterwelt der Unternehmen – unsortiert und bei Weitem nicht vollständig.

Auf die Möglichkeiten, aus einem Nichts einen Event zu machen, wurde schon verwiesen. Die umgekehrte Variante ist ebenso möglich: Ein Desaster kann so vollständig hinter einer Nebelwand aus Worten verschwinden, dass es sich glatt innovativ anhört. Man lasse sich einmal von einem mehrfach aus Firmen entfernten Manager seinen Lebenslauf zeigen oder erzählen. Es schlackern einem die Ohren, wie viele Projekte er gemanagt, welche Challenges er gemeistert, welche internationalen Erfahrungen er gesammelt, mit wie vielen Branchengrößen er schon zu Abend gegessen hat. Spiegler lernen beizeiten ihre Vokabeln.

Es geht uns also nun um das Unternehmens-Vokabular, insbesondere um drei Sorten: das kriegerische, das beschwörende und das tabuisierte.

WAR-WORDING

Beginnen wir beim genau so genannten und immer beliebter werdenden »war-wording«. »Blutbad« und »Massaker« sind gebräuchliche Begriffe, mit denen man sowohl die Lehman-Pleite beschreibt wie auch das letzte Projektmeeting, das nicht jeder »überlebt« hat. Einige Teilnehmer wurden »standrechtlich erschossen«, wahlweise »einen Kopf kürzer« gemacht. Die Konkurrenz »ausschalten«, sich mit schärferen Gegenargumenten »aufmunitionieren«, um nicht »kapitulieren« zu müssen, vom Kollegen nicht »vors Kanonenrohr« geschoben werden, ihn statt dessen langsam »ausbluten« lassen, das alles ist tägliches Vokabel-Business. Es wimmelt von »Heckenschützen«, »Minenfeldern« und »Störmanövern«. Situationen müssen wie Bomben »entschärft« werden; andernorts muss die Bombe im richtigen Moment gezündet werden. Dem Nachbarbereich wird »Bunkermentalität« vorgeworfen. Das eigene Projekt läuft Gefahr, »an die Wand zu fahren«; man hat »nur noch einen Schuss frei«, »geordneter Rückzug« wird angesagt, bis die nächste »Angriffswelle« gefahren wird. Bis dahin wird »das »Messer gewetzt«, mit oder ohne »Rückendeckung« des Chefs.

Zur Erinnerung: Wir schauen hier auf produzierende und dienstleistende Unternehmen – nicht auf Stalingrad. Die traditionellen und klassischen Hauptkategorien des Wirtschaftens »Produktion« und »Erlös« sind offenbar ersetzt worden. Im täglichen Überlebenskampf geht es nur noch um »Sieg« oder »Niederlage«.

Das kriegerische Vokabular ermöglicht zwei Dinge: Es suggeriert Eindeutigkeit und etabliert eine Sprache der Sieger. Diese dient nicht der Verständigung, sondern signalisiert die Bereitschaft zum Kampf. Oberstes Ziel ist es, niemals der Verlierer zu sein. Die Sprache der Sieger zu sprechen reklamiert die Zugehörigkeit zu den Starken; zu denen, die die Waffen kennen und sie zu benutzen wissen.

Zwischentöne und Widersprüchliches haben da kaum Platz. Obwohl allenthalben von der größer werdenden Komplexität gesprochen wird, von den Planungsunsicherheiten und der generellen Unübersichtlichkeit der dynamischen Weltmärkte, scheint diese Haltung zu dominieren: Je undurchsichtiger die Gefechtslage, desto eindeutiger die Ansage: »Lead, follow, or get out of the way.«

PFUI-WÖRTER ODER: APARTE TABUISIERUNGEN

Von den Siegerwörtern zu den schon verschwundenen oder gerade verschwindenden Vokabeln: »Mittagspause« scheint zu einem solchen »Pfui-Wort« zu werden. Man benutzt es einfach nicht mehr. Verständlich, es herrscht schließlich Krieg. Da gibt es keine Mittagspause.

Ein anderes nostalgietaugliches Wort ist »das Problem«. Es hat sich zur »Herausforderung« entwickelt, die es freudig anzunehmen gilt. Und wer noch das Wort »Überstunden« in den Mund nimmt, müffelt schon von Weitem nach leistungsfeindlicher Bürokratie; wenn schon, dann wird höchstens mal eine »kleine Nachtschicht« eingelegt.

Es gibt ernstere Tabus im Wortschatz. »Überforderung« zum Beispiel. Diese gibt es per se nicht. Hat es nicht zu geben. Denn jede Herausforderung kann bewältigt werden. Wo das Wort dennoch benutzt wird – »er wirkt überfordert« –, ist es nicht die Diagnose einer Konstellation, sondern wird zum Attribut eines Verlierers. Sich selbst als »überfordert« zu bezeichnen, käme einer Selbstvernichtung gleich. Ein weiteres Vokabeltabu sind die »Grenzen«. Es existieren im Organisationskontext eigentlich nur mehr Wortkombinationen wie »grenzenlos« und »Grenzen hinter sich lassen«. Grenzen scheinen ausschließlich dazu da zu sein, um überwunden zu werden. Dasselbe gilt für »Krankheit«. Bevor jemand krank wird, ist jeder Gedanke daran tabu. Ist jemand krank geworden, verlässt er ja für eine Weile die Firma – und kann in der Zeit auch leicht ausgeblendet werden. Kommt er zurück, dann ist alles erfreulich und die Krankheit vorbei. Keine Erinnerung – keine Rück-Sicht – mehr an das Übel. Stattdessen erzählen heldenhafte Rückkehrer, dass so eine Auszeit ganz guttut, die wahren Werte und so weiter kämen einem wieder ins Bewusstsein, man kommt zum Lesen, zum Ausschlafen und überhaupt: zustimmendes Nicken, ein Schulterklopfen mit den besten Wünschen, und weiter geht's im Takt. Niemals in der Folgezeit wird der Betroffene etwas Ähnliches äußern wie: »Ich bin nicht mehr so belastbar.« Das könnte die Stimmung und die Karriere verderben.

Andere vom Aussterben bedrohte Wortverbindungen lauten: »Das weiß ich nicht«, »Das kann ich nicht«, »Darüber müsste ich erst einmal nachdenken«.

GUTWÖRTER HELFEN LÜGEN

Zurück auf die sprachliche Sonnenseite. Bei allem Kriegsgeheul erklingen nämlich auch geradezu wundervolle Töne. Und zwar, wenn neue Krieger geworben werden. Eine übliche Unternehmensannonce schafft es, in vier Zeilen folgende Freudewörter zu verstauen:

»unvergleichliches Zuhause« – »im Team« – »innovativ« – »entwickeln« – »engagiert« – »mit uns gemeinsam« – »Lösungen« – »über gewohnte Grenzen hinaus« – »ständig neue Perspektiven« – »spannend« – »sei bereit«! Solche Annoncen als Floskelfeuerwerke finden sich massenhaft. Die Positivphrasen springen nur so aus den Zeilen: großartig, stark, sozialkompetent, teamfähig, eigeninitiativ, dynamisch, neugierig, ideenreich. Und »erfrischende Querdenker« sind natürlich immer besonders willkommen.

Aber nicht nur die potenziellen Neumitarbeiter werden von den Unternehmen umschmeichelt, die Kommunikationsabteilungen legen sich auch mächtig ins Zeug für die Unternehmensmitarbeiter, die bereits an Bord sind. In den sorgfältig designten Ansprachen der Vorstände war noch nie zuvor so viel von »Vertrauen« die Rede und von Werten, von Verantwortung, Perspektiven, Nachhaltigkeit, Zukunft, Talent, Chancen, Vielfalt, Freude, Teamarbeit, Wertschätzung, Entwicklung, Gemeinschaft, Zusammenhalt und Liebe – oder mindestens: Leidenschaft. Ganz wichtig ist die Parole: »Jeder zählt« oder »Wir brauchen dich!«. Ähnlich wie das Green-Washing nicht nur die Autobranche, sondern viele Bereiche der Gesellschaft mit ökologisch-korrekter Tönung überzieht, so findet sich in den Unternehmensäußerungen verstärktes Trust-Washing.

Die Verwendung dieser Vokabeln verhält sich umgekehrt proportional zum Zustand, in dem die Belegschaft in der Regel ist. Es handelt sich um Beschwörungen, die etwas herstellen sollen, was nicht mehr gegeben ist. Ihre häufige Verwendung signalisiert Verzweiflung bzw. rapiden Verfall. Fürs Studium historischer Textquellen lautet nämlich eine zentrale Lektion: Wenn zum Beispiel geschrieben steht »Die Frauen sollen ihr Haar bedecken«, dann ist genau das ein starkes Indiz dafür, dass sie ebendieses in jener Zeit nicht mehr taten. Täten sie es, wie seit alters her, dann bräuchte das nicht eigens thematisiert zu werden. Auch eine aktuelle Studie, die sich mit dem Zusammenhang von Linguistik und Lüge beschäftigt, kommt zur Erkenntnis: Formulierungen wie »jeder von uns weiß« deuten darauf hin, dass das Folgende zumindest zweifelhaft ist. Und wenn Manager unwahre Angaben über die Situation ihres Unternehmens machen, benutzen sie gehäuft emotional aufgeladene Vokabeln. Wenige Monate vor dem Zusammenbruch von Lehman Brothers gebrauchte der damalige Finanzvorstand in einer Rede beachtliche 14 Mal das Wörtchen »großartig«, 24 Mal »stark« und acht Mal »unglaublich«[9].

Nur eine Differenz erzeugt Wahrnehmung und Interesse. Kein Mensch sagt oder schreibt vier Mal wöchentlich: Luft ist durchsichtig. Erst bei Smog-Alarm wird diese Tatsache beredenswert. So verhält es sich mit allem, was plötzlich im allgemeinen Sprachgebrauch populär wird. Es weist auf eine Differenz hin. Historiker werden die inflationär auftauchenden Gutwörter der zeitgenössischen Unternehmenssprache mühelos mit der ebenso verbreiteten aktuellen Kriegsrhetorik in Zusammenhang bringen.

Symptom 7:
DIE UNTOTEN WERDEN MEHR

Es treten auf: die fachlich Deprofessionalisierten, die zum ewigen Weitermachen Verdammten; die Unglückseligen, die in schwarzen Organisationslöchern verschwinden

Sie treiben sich auf Projekt-Friedhöfen herum, wühlen, kriechen und winseln nach ein paar Liebkosungen, werden ignoriert, geduldet oder getreten, würden gerne sterben und dürfen es nicht. Was sind das für seltsame Organisationsmitglieder? Woher kommen sie?

Angefangen hat alles in etwas glanzvolleren Zeiten, zum Beispiel mit einer Schmeichelei: »Es ist das zentrale Projekt der nächsten Jahre. Sie sind der Beste, der das machen kann. Und Sie erhalten jede Unterstützung, die Sie brauchen. Der Vorstand steht voll hinter dem Anliegen.« Solch ein Projekt wird gern mit den harmlos klingenden Worten »wir müssen da unbedingt was machen ...« initiiert und mit dem Adelsprädikat »strategisch« etikettiert – weil die Bedeutung grenzenlos (also ein wenig verschwommen) ist und unterstrichen werden soll. Nicht selten handelt es sich um die direkte Folge eines internen oder öffentlichen Hypes um fundamentale Themen wie »Qualität«, »Diversity«, »Innovation«, »Umweltschutz«, »Demografie«, »Internationalisierung«, »Compliance«, »Identität« oder die gesellschaftliche Verantwortung des Unternehmens. Auch Wertediskussionen können Auslöser solcher Projektideen sein. Oder die letzte Mitarbeiterbefragung, die eine »verheerende Vertrauensbilanz« festgestellt hat.

Alle Arten von Schnittstellenoptimierungen oder Prozesssynchronisierungen – wenn sie über eine Abteilung hinausgehen –

haben ebenfalls das Zeug dazu, sich in Projekt-Monumentalgräber zu verwandeln, desgleichen jene Versuche, die bereichsübergreifende Zusammenarbeit oder das Verhältnis zwischen Regionen und Headquarter »ein für alle Mal auf ein neues Niveau zu heben«.

Kurz: Es sind ambitionierte Themen, sie machen »Sinn« und auf alle, die guten Willens sind, einen ausgesprochen plausiblen Eindruck. Nur ein paar Altvordere, die sich nicht so sehr um die angesagte Meinung kümmern, trauen sich, laut »Quatsch« zu sagen. Die überwiegende Mehrheit hält sie für enorm wichtig – wenn auch jeder naturgemäß einen anderen Weg zur Lösung der thematisierten Probleme einschlagen würde. Diese Schwierigkeit spürt sofort jeder, der zum Leiter eines solchen Projekts erkoren wird. Aber als ambitionierter Mensch und engagierter Mitarbeiter lässt man sich davon nicht abhalten. Der Ehrgeiz ist angefacht, man stürzt sich und seine Leute in die Arbeit. Der erste Schritt ins Reich der Untoten.

MERKMALE EINES UN-PROJEKTS

Nach ebenso intensiven wie ergebnislosen Bemühungen bemerkt der Projektleiter endlich: Das Projektziel war (zumindest von Seiten der Auftraggeber) bereits in dem Moment erreicht, in dem er dazu »Ja« gesagt hat – es war verräumt. Das Signal war gesetzt, man hatte jemanden für zuständig erklärt, jetzt konnte zur Tagesordnung zurückgekehrt werden. Das Un-Projekt war und ist nicht gewollt, aber offiziell muss etwas getan werden.

Wer jetzt als Projektleiter allerdings auf die Idee kommt, wieder einpacken zu können oder zumindest nicht allzu viel in das Projekt investieren zu müssen, weil ja nicht viel getan werden kann, der täuscht sich. Vielmehr beginnt jetzt ein irres, zähes Treiben in der Organisation: Überraschenderweise fühlen sich fast alle angeregt, reden anfänglich mit, wissen es besser, zeigen auf die anderen und halten den Projektleiter auf Trab. Der hat – wie selbstverständlich – kein Budget, keinen Zugriff auf Ressourcen und schon gar keine Entscheidungsbefugnisse. Dafür bekommt er von allen Seiten Druck: Auf der obersten Ebene, im Lenkungsausschuss, muss er wöchentlich von den – leider kaum wahrnehmbaren – Projektfortschritten berichten. In der eigenen Abteilung und beim eigenen Chef lässt man ihn sanft auflaufen, man hat schließlich Wichtigeres zu tun. Die Nachbarressorts – diese Sorte von Projekten ist immer bereichsübergreifend angelegt – verwahren sich gegen jede Einmischung. Manche sind dem Anliegen gegenüber durchaus aufgeschlossen und würden auch wirklich etwas dazu beitragen, allerdings erst, wenn von höchster Ebene eine entsprechend strategische Entscheidung gefallen ist. Das kann dauern.

Die Projektmitarbeiter bemerken mittlerweile auch, dass die Sache nicht den erhofften Ruhm bringt, und verlieren die Lust. Einige betreiben offen den Wechsel in ein anderes Projekt, andere klagen über den schlechten Führungsstil des Projektleiters und fordern mehr Orientierung. Die besonders Klugen stellen ihre Arbeit ein und entwickeln alternative Vorgehensvorschläge, mit denen sie den Projektleiter behelligen, »weil das so doch alles nichts bringt«.

DIE FACHLICHE DEPROFESSIONALISIERUNG BEGINNT

Der Projektleiter selber weiß das inzwischen auch. Nach vielen schlaflosen Nächten, unzähligen Gesprächen, Kraftanstrengungen, kontrollierten Wutausbrüchen, sanften Überredungsversuchen, Vorwürfen gegen andere und sich selbst, nach aktivistischen wie apathischen Phasen (letztere fallen gar nicht auf) verabschiedet er sich ganz langsam, aber unaufhaltsam von seinen anfänglich inhaltlich motivierten Ambitionen und verlagert sich mehr und mehr auf inhaltsfreie, diplomatische Spreiz- und Dehnungsübungen. Er ist angekommen im Paradoxie-Management: Komplette inhaltliche Unterforderung verbunden mit gefährlicher politischer Überfrachtung. Das, was er gut kann, ist nicht gefragt. Das, was gefragt ist, darin ist er nicht gut.

Wenn es wenigstens jemand einmal aussprechen würde – die Chefin oder der Chef zum Beispiel –, dass des Projektleiters Aufgabe vor allem darin besteht, sein Gesicht für dieses Thema hinzuhalten, so zu tun, als ob rasend viel passierte, und alle so lange zu beruhigen, bis sich irgendwann der Wind doch noch dreht oder das ganze Projekt sanft beerdigt werden kann. Dass es also nicht darum geht, ein Problem zu lösen, sondern sich dieses vom Leib zu halten, ohne dass es einem auf die Füße fällt. Das wäre intellektuell durchaus nachvollziehbar, so könnte man sich vielleicht auch gut darauf einrichten und würde gewiss auch keine schlechte Figur abgeben, auch wenn es nicht der eigenen Kernkompetenz entspricht. Aber in der Regel verteidigt der Chef die Illusion vehement. In seiner Empörung (»Wie kommen Sie darauf!«) rutscht ihm schon mal die eine oder andere Bemerkung raus, dass man das Ganze etwas tougher und mit mehr Begeisterung angehen sollte, statt sich immer nur zu beschweren und die Leute vor den Kopf zu stoßen. Das gefalle ihm gar nicht. Es sei eben ein sehr sensibles Thema, und da brauche man langen Atem und Fingerspitzengefühl. Schließlich habe er große Hoffnungen in das Projekt und seinen Leiter gesetzt, und er erwarte schon, dass man sich etwas einfallen lasse und kreativ werde. Dass es nicht einfach ist, sei ja kein Grund, sich hängen zu lassen. Solchermaßen wieder aufgebaut, verlässt der Projektleiter das Chef-Büro. Das mit den Fingerspitzen geht ihm, dem Gemaßregelten, noch nach – es kribbelt darin.

VERDAMMT!

Er ist verdammt dazu weiterzumachen und lädt weiterhin zu jener Sorte von illustren Meetings, bei denen die entscheidenden Personen kurz vor Beginn absagen; bei denen andere nur kommen, um zu verhindern, dass etwas geschieht oder um die aktuelle politische Großwetterlage bei diesem Thema auszukundschaften; oder weil sie als Vertretung geschickt wurden, keine blasse Ahnung von der Materie haben und deswegen noch einmal grundsätzlich diskutieren wollen. Oder es sind feindliche Abgeordnete, die ausspähen wollen, ob ihre Chefs doch noch etwas zu befürchten haben. Oder Gutwillige, die zwar keinen Beitrag liefern können, aber dafür umso deutlicher für Offenheit und gegenseitiges Verständnis werben und überhaupt und irgendwie das ganze Thema hochspannend finden. Dann wären da noch: der Praktikant, der das Protokoll schreiben wird, und die neue Projektmitarbeiterin an ihrem ersten Arbeitstag.

Nach erschöpfendem Drei-Stunden-im-Kreis-Herumdiskutieren wird der Meetingraum anderweitig gebraucht, der Praktikant fotografiert schnell die Flip-Charts ab. Einige gehen noch zusammen zum Kaffeeautomaten, suchen sich ein Thema, über das Lästerkonsens besteht, und versuchen nebenbei noch das ein oder andere in Erfahrung zu bringen. Der Rest der Woche besteht aus dem üblichen Kleinklein: Absagen, Vertröstungen, Appelle, nun müsse aber mal was vorangehen, und nicht zu vergessen: die neue Präsentation für den Lenkungsausschuss.

UN-THEMEN PRODUZIEREN UN-TOTE

Als wäre das alles nicht aufreibend und frustrierend genug, wird währenddessen noch eine andere Entwicklung deutlich, schleichend und schrecklich. Wer einem Un-Thema sein Gesicht und seine Kraft leiht, wird selber zur Un-Person. Man wechselt die Flurseite oder entschwindet in den Fahrstuhl, wenn ein Un-Projektleiter auftaucht, weil man nicht mit seinem Thema behelligt werden will, weil er einem ein schlechtes Gewissen macht, weil man sich nicht mit Verlierern zeigen will. Denn dass er nichts bewegen konnte, das ist ja nun offensichtlich. Kantinengespräche mit solchen, ehedem nahestehenden Kollegen sind mühsamer, man gibt wohlmeinende Klapse auf die Schulter, die kaum verhehlen, wie leid einem der Kollege tut. Möglicherweise sieht er auch tatsächlich erschöpft aus, seit er in dieses Projekt-Bermudadreieck geraten ist. Oder hat er am Ende tatsächlich schon sein Gesicht komplett verloren?

Sollte er jetzt auf die Idee kommen, das Projekt abzugeben – zu spät. Alle wissen Bescheid, was Sache ist, und werden sich hüten, das Ding anzufassen. Inzwischen gibt es 1000 Gründe, warum genau er, der Un-Projektleiter, hier dranbleiben muss. Keiner und keine hat ja inzwischen eine solche Fach(!)kompetenz aufzuweisen, außerdem hat er dieses ganze Netzwerk zum Thema aufgebaut. Er gerät immer weiter in den Abwärtssog; und da das Un-Thema manchmal über Jahre hin weder gelingen noch sterben darf, gibt es keine Erlösung und keinen Frieden für ihn.

UNHEIMLICH: DIE SCHWARZEN ORGANISATIONSLÖCHER

Das Schicksal, zum Untoten zu werden, kann einen aber auch aus ganz anderen Gründen ereilen. Da gibt es zum Beispiel jene, die durch eine Restrukturierung plötzlich und unverschuldet in einem toten Winkel des Unternehmens gelandet sind; da, wo es nichts, gar nichts zu tun gibt. Hier muss noch nicht einmal ein Thema künstlich beatmet werden, hier gibt es weder Themen noch jemanden, der noch atmet. Kompetenz trifft auf das gähnende Nichts. Es gibt schwarze Löcher in Organisationen, und in diesen Krümmungen des Konzernuniversums ist es furchterregend still, da ist kein Lufthauch zu spüren. Nichts dringt über den Ereignishorizont[10] hinaus. Niemand, der seinen Blick dorthin richtet, kann etwas sehen. Wer hier (verzweifelt) versucht, Lärm oder Wind zu machen, hört kein fernes Echo hallen, keine Widerrede, nicht einmal mehr sein eigenes Krächzen und Husten. Das Loch hat ihn verschluckt. Er ist »übrig«, die Abteilung gekappt von den relevanten Schnittstellen, die Dienstleistung nicht mehr nötig, und keiner hat es überhaupt bemerkt. Nie werden die im grellen organisationalen Licht Zurückgebliebenen erfahren, dass es einfach nur Pech war. Zur falschen Zeit am falschen Ort. Dass er oder sie gar nichts dafür konnte ...

Anders verhält es sich mit den Strafversetzten. Sie werden mit voller Absicht zu Un-Projektleitern gemacht oder der negativen Masse anheim gegeben. Sie haben es sich entweder mit einer zentralen Schlüsselperson nachhaltig verdorben oder sich tatsächlich etwas zuschulden kommen lassen, das aber nicht öffentlich werden darf. Deswegen kann man sie auch nicht entlassen.

Dann gibt es noch diejenigen, die einen Schönheitsfehler haben, der sie für die Bühnenscheinwerfer aktuell unbrauchbar macht. Sie haben zum Beispiel aufs falsche Pferd gesetzt – und dieses ist gerade hochkant aus der Firma galoppiert bzw. geflogen, hat sie aber leider nicht mitgenommen.

Nicht zuletzt sind da jene, die sich freiwillig in die Zwischenwelten der Organisation abmelden – etwa weil sie sich erholen müssen von einem Projektdesaster, mit dem sie die vergangenen drei Lebensjahre verbrannt haben. Es sind Beschädigte wie Betrüger, Experten wie Exilanten, Kompetente wie Arglose, vormals Engagierte wie hinterher Klügere, die sich zeitweise oder auf Dauer an diesen offiziell namenlosen Orten im Unternehmen wiederfinden. Sie alle teilen das gleiche Schicksal: Sie haben nichts zu tun – und dürfen gerade deshalb nie stillstehen.

Teil 2:
DIAGNOSEN

Hier geht es um Diagnosen. Also um die tieferen Erklärungsversuche für die in Teil 1 beschriebenen Phänomene. Das Wort Diagnose stammt vom griechischen »diagignoskein« und umfasst den ganzen Bedeutungsraum von »durchforschen«, »gründlich kennenlernen« bis zu »unterscheiden« und »entscheiden«. Eine Diagnose ist der Versuch, Symptome in ihrem Zustandekommen zu verstehen und daraus die richtigen, also heilsamen Schlüsse zu ziehen. Das bedeutet aber eben auch: Aus Fehl- oder Halbdiagnosen werden unheilvolle Schlüsse gezogen. Bestenfalls nützen die verordneten Eingriffe oder Rezepturen nichts, schlimmstenfalls schaden sie und vergrößern das Leiden.

Es werden nun einige der gängigen Diagnosen zum Zustand unserer modernen Arbeits- und Unternehmenswelt einer kritischen Prüfung unterzogen, zum Beispiel: Beschleunigung, Komplexität, Globalisierung, Veränderungsdruck, Führungsversagen, Gier, Vereinzelung. Diese mittlerweile inflationär kolportierten Erklärungen dienen als Begründung für kühne organisational-chirurgische Eingriffe und für einen Cocktail an Rezepturen, der meist brav vom Gros der Unternehmensangehörigen geschluckt wird. Tritt keine Besserung ein, was bei Fehlindikationen nicht verwundert, wird einfach die Dosis erhöht. In der Hoffnung auf Schmerzlinderung oder manchmal auch nur aus Mangel an Alternativen werden die verordneten Zumutungen akzeptiert – gutgläubig, mit wachsender Wut oder fatalistisch. Inklusive der zum Teil verheerenden Nebenwirkungen.

Die folgende Überprüfung klassischer Diagnosen und Rezepte präsentiert eine Zweitmeinung mit anderen Erklärungsmöglichkeiten. Diese sind nicht immer schon mit einem passenden Rezept ausgestattet. Aber es erhöht die Heilungschancen bereits beträchtlich, wenn Lücken und blinde Flecke einer fehlerhaften Diagnose sichtbar werden.

Diagnose 1:
ES WAR EINMAL BESCHLEUNIGUNG

Untersucht wird u.a.: warum Beschleunigung nicht das Problem ist; was Stillstand heute bedeutet; wie wichtig Ignoranzmanagement wird; und warum Entschleunigung leider völlig sinnlos ist.

Das Besondere an der sogenannten Beschleunigungsfalle ist, dass es sie gar nicht gibt. Die Falle schon, nicht aber die Beschleunigung. Dabei ist sie in aller Munde, wenn es um die Beschreibung moderner Arbeitssituationen geht. In jeder der zahlreichen Studien, die nach den Erfolgskriterien für moderne Unternehmensführung fahnden, taucht diese Kategorie auf: Wie antwortet ein Unternehmen auf das »rasante Beschleunigungstempo«? Drei Geschwindigkeitsbegriffe auf einmal![11] Die angepriesenen Antworten lauten ebenso einheitlich wie vorhersehbar: »höhere Veränderungsbereitschaft« und »schnellere Entscheidungsgeschwindigkeit«. Und als wäre das nicht deutlich genug, wird das Ganze im Satz darauf noch einmal wiederholt: Erfolgreiche Firmen »sind deutlich schneller bereit, ihre Geschäftsmodelle zu wechseln, ... treffen Entscheidungen viel zügiger und setzen das Entschiedene auch rascher um«, und wachsen damit sechsmal so stark wie ihre Wettbewerber. Schlechte Prognosen haben dagegen Firmen, denen »Zögern und Zaudern« bescheinigt werden muss.

»Zu keiner Zeit haben die Tätigen, das heißt die Ruhelosen, mehr gegolten«, das bemerkt schon Friedrich Nietzsche[12] im vorvorigen Jahrhundert.

Die Lage scheint heute noch dieselbe zu sein. Die Beschleunigungsbehauptung ist ein unhinterfragtes Paradigma, nicht nur im Organisationskontext, sondern auch im persönlichen Erleben. Hast, Hektik, Unruhe, Nervosität und Zeitnot prägen das Alltagsgefühl von Millionen. Aber ist das wirklich Beschleunigung, was uns da so zusetzt?

WAS SIEHT ER IMMER SO GEHETZT AUS?

Physikalisch handelt es sich bei der Beschleunigung um die Veränderung der Geschwindigkeit eines Teilchens. Genau genommen sowohl um die Erhöhung als auch um die Verringerung der Geschwindigkeit. Letztere nennen wir umgangssprachlich nicht Beschleunigung, sondern Verzögerung. Bleiben wir bei der ersten Variante, der Erhöhung der Geschwindigkeit, genannt Beschleunigung. Wenn ein Teilchen zuerst mit sechs Kilometern pro Stunde unterwegs ist (nehmen wir der Anschaulichkeit halber einen Jogger auf seiner morgendlichen Laufstrecke), später aber mit acht km/h, dann hat er seine Geschwindigkeit erhöht. Und – das ist der Effekt – er kommt früher an, als wenn er bei seinem ursprünglichen Tempo geblieben wäre. Er ist seine Runde schneller gelaufen, kann früher duschen und ist schneller bei der Arbeit oder beim Zeitunglesen. Der Effekt des Früher-Ankommens ist ein wesentlicher Sinnbestandteil der Beschleunigung. Aber: Beim Blick auf unser persönliches Tagewerk oder den so rasanten Unternehmensalltag sucht man ihn vergebens. Wo wird irgendetwas tatsächlich schneller fertig als geplant aufgrund von beschleunigter Arbeitsweise? Welches Großprojekt kommt mit seinem Zeitbudget aus oder wird sogar vor der Frist fertiggestellt? Ob Elbphilharmonien oder SAP-Einführungen – üblich ist, dass Termine nicht eingehalten werden, sich Projektabschlüsse sogar massiv nach hinten verschieben.

Auch ganz subjektiv-individuell betrachtet, machen wir alles immer schneller. Wir werden effizienter. Aber was ist der Effekt? Sind wir früher bei einem Treffen? Wir senden eher eine SMS, dass es heute 30 Minuten später wird. Sind wir schneller am Ziel? Beim Top-Job? Beim Feierabend? Beim Projektergebnis? Ist es ein Fortschritt, wenn durchschnittlich alle elf Minuten jemand bei seiner Arbeit unterbrochen wird, nach weiteren durchschnittlich 25 Minuten wieder zurück beim Thema ist und dann wiederum acht Minuten braucht, um den Faden neu aufzunehmen? Es bleiben dann noch drei Minuten an effektiver Arbeitszeit, bis statistisch betrachtet die nächste Unterbrechung dazwischenkommt. Erforscht hat dies die Computerwissenschaftlerin Gloria Mark an der »University of California«. 2004 hat sie mit der Stoppuhr den Arbeitsalltag von Managern akribisch ausgewertet.

So sieht das reale Getrieben- und Gehetztsein in den Büros dieser Welt also aus. Aber sind Zuwächse an Geschwindigkeit zu beobachten? Knallen öfter als früher die Sektkorken, weil man schon wieder ein Ziel viel eher erreicht hat? Im Gegenteil.

STILLGESTANDEN!

Jeder (vermeintliche) Schnelligkeitsgewinn erzeugt einen spezifischen, damit zusammenhängenden Stillstand. Bekannt geworden sind in diesem Kontext die Forschungen zum Thema Verkehrsstau. Ging man anfänglich naiverweise davon aus, dass es sich beim Stau um eine behebbare Ausnahmesituation handelt, wurde schnell klar, dass er vielmehr eine systemimmanente Folge der breiter ausgebauten Straße ist. Auf den geradegezogenen und um eine Spur erweiterten Straßen kann man jetzt schneller fahren als bisher. Das zieht aber auch eine größere Anzahl an Autos an, die genau dies wollen: schneller fahren. Die proportionale Erhöhung der Quantitäten sorgt faktisch und real für Verstopfung. Das Prinzip kennen wir seit Jahren auch von den immer neuen Computerversionen. Jede Erhöhung der Rechnerkapazität – die den PC schneller macht – wird durch die umfangreichere Software, die dafür entweder benötigt oder die in der Folge installiert wird, nahezu wieder neutralisiert. Besonders interessant ist in diesem Zusammenhang von Geschwindigkeit und Stillstand, dass ein PC just in dem Augenblick, in dem er abstürzt, am schnellsten rechnet. Auf dem Bildschirm vorne bewegt sich nichts mehr, herrscht totaler Stillstand – im Hintergrund liefern sich die Bits und Bytes ein Höchstgeschwindigkeitsrennen. Und sie hören mit dem Rennen gar nicht mehr auf.

Ein anderes Beispiel für Beschleunigungswahn, diesmal ganz konkret aus dem Führungs- und Sozialverhalten in Unternehmen, ist die stetig sinkende Verweildauer von Führungskräften in einer Funktion. Eigentlich der Ausweis von Flexibilität und Veränderungsbereitschaft und mithin einer der sogenannten Erfolgsfaktoren im Beschleunigungskosmos, hat sie eine nicht unbeträchtliche Nebenwirkung: Immer mehr Mitarbeiter, vor allem wenn sie selber Führungskräfte sind, haben sich darauf eingestellt, erst einmal abzuwarten, ob es sich lohnt, sich an den Neuen oder die Neue zu gewöhnen. Anders formuliert: Sie lassen die Neuen erst mal konsequent auflaufen. Je nach (Verfahrenheit einer) Situation würde es Jahre dauern, bis ein Manager – über Vertrauensgewinn, über Neueinstellungen, über Geduld und Hartnäckigkeit – bei seinen Mitarbeitern intensive Loyalitätsgefühle keimen ließe und von ihnen als Führungsperson wirklich ernst genommen würde. Diese Art von Stillstand – Starrsinn, Waffenstillstand, Verweigerung, So-tun-als-Ob, Pseudoaktivitäten – ist sowohl die Folge rasanter Führungsrotationen als auch die Ursache dafür, dass sich solchermaßen ausgebremste Manager lieber früher als später wieder um eine andere Position bemühen.

DIE BESCHLEUNIGUNG IST TOT.
ES LEBE DIE GLEICHZEITIGKEIT

Lässt sich die aktuelle Zeitwahrnehmung mit der vielfach wiederholten Beschleunigungsidee überhaupt verstehen? Eher nicht. Denn das Zeitalter der Beschleunigung ist vorbei. Beschleunigung kennzeichnete die klassische Moderne mit ihrer großen Mechanisierungsidee. Die Eisenbahn überbrückte den Raum. Man kam eher irgendwo an. Das Fließband erhöhte die Produktionszahl. Lief es schneller, erhöhte sich die Stückzahl einer Schicht.

Entscheidend ist: Bei der Beschleunigung handelt es sich um eine gerichtete Bewegung. (Man erinnere sich an die Vektorenpfeile aus dem Physikunterricht. Sie brauchen eine Richtung, ein Nacheinander, ein Ziel, nur so können sie gemessen werden.) Die Neuzeit hat tatsächlich gewaltige Lebens- und Prozessbeschleunigungen hervorgebracht – und tut es immer noch. Den Kern des heutigen, spätmodernen Arbeitens und Lebens trifft die Beschleunigungslogik aber nicht mehr. Die Übermittlung von Ereignissen und Informationen hat Lichtgeschwindigkeit erreicht. Damit ist die Beschleunigung, wie wir sie kennen, zu Ende und etwas kategorial Neues ist entstanden. Herbert Marshall McLuhan, der kanadische Philosoph und Kommunikationstheoretiker, hat dies bereits in den 1960er-Jahren erkannt. In den Jahrhunderten der Mechanisierung, schreibt er[13], »haben wir unsere Körper in den Raum hinaus ausgeweitet«, heute im Zeitalter der Elektrifizierung haben wir die Zeit aufgehoben!

Das zeitliche bzw. historische Verständnis ist aufgehoben und weicht einer »Instantaneität« im weltweiten Netz. Was damit gemeint ist, formuliert ein Telekommunikationskonzern in einer großformatigen Anzeige so: »Aus Nacheinander wird Gleichzeitig«[14]. Das klassische und allgemeine Zeitverständnis ist linear und narrativ. Es hat einen Zielpunkt. Einleitung, Mittelteil, Schluss.

Vergangenheit, Gegenwart, Zukunft. Die einzelnen Schritte sind inhaltlich miteinander verbunden, in der Regel kausal oder konsekutiv. Aus dem einen folgt das andere.

Der koreanische Autor und Hochschullehrer Byung-Chul Han[15] untersucht und beschreibt in einem wunderbaren Essay über die Zeit die Veränderung vom Nacheinander in die Gleichzeitigkeit. Er legt dar, wie die heute empfundene Zeitkrise sich zeigt, nachdem die Zeit ihre »Gravitation« verloren hat. Wie die Schwerkraft die Dinge des Raumes ordnet, so ordnet die zeitliche Gravitation die Bewegung entlang einer Richtung. Sie sammelte und sog in Richtung Zukunft. Wo aber diese Richtungskraft nachlässt, da atomisiert sich Zeit in unendlich viele Einzelmomente, Zeit-Punkte, und wird diffus. Das Schwirren beginnt – und verwirrt.

In der klassischen, der vergangenen Idee des Fortschrittsglaubens hatte die Beschleunigung ihren Sinn, weil die Geschichte eine Richtung hatte, in der man schneller vorankommen wollte. Gerade die Differenz zwischen dem Heute und dem Morgen erzeugte Beschleunigungsdruck. Mögen die Zielvorstellungen auch unterschiedlich gewesen sein, es gab diese Entschlossenheit »auf etwas hin«. Ob es sich um eine High-Tech-Zukunft oder das »Ihr-sollt-es-einmal-besser-Haben« handelte. Die einzelnen Schritte konnten durch dieses Ziel synchronisiert und dann durchaus auch beschleunigt werden. Aber genau diese Richtung fehlt aktuell. Das ist (noch) keine moralische Feststellung, sondern vorerst nur eine physikalische und mediale. Wo vormals etwas vom Sender an den Empfänger gerichtet war, werden heute im Netz-Prinzip Inhalte in einen Raum gestellt (gepostet) – und verbreiten sich in alle Richtungen gleichzeitig. Die Dauer ist verschwunden, weil die Übermittlung Lichtgeschwindigkeit erreicht hat, also von uns nicht mehr wahrgenommen werden kann. Wir sind umgeben von einem Schwarm an Neuigkeiten, sie schwirren unablässig um uns herum, »und wir spielen den ganzen Tag fangen«, so der ehemalige »Washington Post«-Reporter William Powers in seinem Buch »Hamlet's Blackberry«[16]. Dieses richtungslose Schwirren verhält sich aber indifferent zum Faktor Beschleunigung. Wer in einen Mückenschwarm gerät, dem kann die Fluggeschwindigkeit der einzelnen Mücke egal sein, sie spielt keine Rolle. Was dagegen wichtig wird, sind Fragen wie: Wie hoch ist die Mückendichte? Wie aggressiv ist der Schwarm? Bleibt noch genügend Raum, um nach Luft zu schnappen, ohne sich übel zu verschlucken?

JETZT!

Auch im Stau ist der gefühlte Zeitdruck enorm, aber nirgendwo ist Beschleunigung, stattdessen auch hier nur Enge und Gedränge. Denn – das ist eine andere Folge der verschwundenen Nacheinander-Zeit – es spielt sich alles nur noch in einem einzigen Moment ab: im Jetzt. In der richtungslosen Instant-Zeit gibt es nur zwei Zustände: nichts und die Gegenwart. Das bedeutet umgekehrt aber auch: Was sich nicht vergegenwärtigen lässt, existiert nicht. Offline ist offline. Gelegenheiten sind nur JETZT da. Sie lassen sich nicht konservieren, das blockiert Speicherplatz.

Das heißt weiter: Wer sich nicht in das aktuelle Gedränge stürzt, in dieses abstandslose Nebeneinander der Ereignisse und Mitteilungen, wer sich nicht permanent sichtbar macht und verfügbar hält, der ist für andere nicht da. Diese Verdichtung ist nur durch den optionalen Modus zu handhaben. Die Option sagt: Ich KANN jeden Augenblick in die Jetzt-Zeit kommen. Das ist auch notwendig. Denn der Kundenanruf kommt jetzt. Jetzt muss jemand antworten, sonst sucht sich der Kunde einen anderen Jetzigen. Nur so einer nützt ihm. Nicht einer, der morgen zurückruft. Morgen ist wieder eine ganz neue Teilchenmischung auf dem Business-Tablet. Sie kann, muss aber nicht logisch mit der heutigen verbunden sein. Deswegen sind die Anknüpfungen so schwer – denn von der Zeit (der zeitlichen Nähe zum Beispiel oder der zeitlichen Aufeinanderfolge) geht keine ordnende Gravitation mehr aus, die sortiert, bündelt oder priorisiert.

KERNKOMPETENZ IGNORANZMANAGEMENT

Dadurch entstehen durchaus hochinteressante und ganz neue Verknüpfungen. Solche, die es früher nie gegeben hätte, weil sie sich nicht durch kausale, sondern formale Korrespondenzen ergeben. Die neue Zeitrechnung sensibilisiert für nicht-lineare Zusammenhänge, punktuelle Kollisionen, Sprünge und Diskontinuitäten. Sie macht es notwendig und trainiert unweigerlich, sich in einer großen Ereignisdichte zu bewegen und zu orientieren. Sie wird neben den Kompetenzen des Wissensmanagements unweigerlich auch solche des Ignoranz-Managements etablieren.

Allein die allermeisten versuchen diese neue Zeit-Situation immer noch mit den alten Mitteln zu bewältigen: Sie versuchen, schneller zu werden. Mehr Gas zu geben. Der hoffnungslos vergebliche und ganz und gar altmodische Versuch, aus dem gleichzeitigen Schwirren ein geordnetes Nacheinander zu machen, die Informationen der Reihe nach – also »richtig«, also gerichtet! – abzuarbeiten, einem sinnvollen zukünftigen Ziel entgegen, lässt den zeitgenössischen Menschen notwendig scheitern und führt zu seiner absurden Grundhektik. Es ist der Versuch, die Mücken zu überholen, sie zum geordneten Gehen in Zweierreihen, händchenhaltend, zu bewegen.

Jede Erhöhung der eigenen Arbeitsgeschwindigkeit versagt kläglich gegenüber den nanosekündlich neu entstehenden Konfigurationen, zu denen man sich verhalten könnte. Die verbreitete Hyperaktivität ist eine reine Assimilationshandlung. In einer schwirrenden Umgebung – im Stroboskop-Gewitter – fühlt man sich richtiger (auch ohne Richtung), wenn man selber die zuckenden Bewegungsabläufe nachahmt. Die Grenzen zu den anderen sind aufgehoben; ich gehöre dazu. Dadurch ist das Gewitter leichter auszuhalten. Das geteilte Stress-Klage-Privileg ermöglicht es mir, mich mit den anderen zu verbinden, mit denen mich sonst womöglich nichts weiter verbindet, als dass wir uns zufällig, nicht kausal begründbar und nur punktuell im selben Jetzt-Raum befinden.

LEIDER SINNLOS: ENTSCHLEUNIGUNG

Auch die populäre Rede von der Entschleunigung ist im wahrsten Worte sinn-los und wird nicht helfen. Die Beschleunigung setzt, ob positiv als Temposteigerung oder negativ als Verlangsamung eine gerichtete Zeit voraus, eine logische Verkettung von Zeitintervallen. Wenn ich mich entscheide, mir statt einem Tag zwei ganze Tage Zeit zu nehmen für eine bestimmte Arbeit, dann hätte das nur dann einen entschleunigenden, also entlastenden Effekt, wenn es Zielkoordinaten gäbe – und diese zwei Tage lang dieselben blieben. Das tun sie aber in der Regel nicht, denn das Koordinatensystem hat sich schon seit Längerem aufgelöst. Ein zusätzlicher Anruf, eine neue Aufgabe, eine andere Stimmung, eine überraschende Information (natürlich alles miteinander multipliziert) verändern Ziele und Richtung mehrmals. Das Schwirren bleibt dasselbe, egal in welchem Tempo ich mich darin bewege. Nur der komplette Ausstieg führte zu einem merklichen Unterschied. Der Sprung in die offline-Welt, in die Nicht-Existenz. Wie auch immer genannt – Sabbatical hört sich zum Beispiel verheißungsvoll an: Entweder das Schwirren setzt sich in einem anderen Umfeld fort. Oder da ist tatsächlich nichts mehr und man befindet sich plötzlich im trostlosen Abseits. Man schneidet seine Selbstaktualisierungs-Option ab. Was in der Regel nicht nur als unangenehm, sondern als worst case erlebt wird. Abgekoppelt, auch von seinen und seinem Liebsten.

Wer dagegen in der Optionenwelt bleibt, bleibt prinzipiell im Getümmel, auch wenn er die Option nicht zieht – und heute mal, statt dreitausend Mücken zu ignorieren, sogar 30.000 Mücken keines Blickes würdigt.

OHNE WOHIN KEIN SINN

Was vielfach gesucht, aber weder im Turbo noch in der Verlangsamung noch im Ausstieg gefunden wird, sind sinnvolle Intervalle und Rhythmen, deren Abfolge(tempo) ich bestimmen oder wenigstens nachvollziehen kann: Anfangen, Gehen, Steigen, Rennen, Pausieren, Weitergehen, Springen, Verweilen, Laufen, Erreichen – das vor allem. Es gibt kein Werk, keinen Abschluss mehr, der den Namen verdiente, nur noch endlose Reihen von Versionen in immer kürzeren Abständen und permanente Unterbrechungen und Neuansätze. Die Intervalle verkürzen sich, weil alles sich in der engen Gegenwart drängelt.

Die gigantische Prozessoptimierungsmaschine läuft – aber kommt sie voran? Führen Anstrengungen, Errungenschaften, Effizienzsteigerungen und Gewinne irgend»wohin«? Oder nur wieder auf sich selbst zurück, zum nächsten Gewinn? Nils Minkmar nennt diese hektische, aber eben bloß illusionäre Fortschrittsbewegung den »Moonwalk-Kapitalismus«[17]. Hohe Kunst, aber Treten auf der Stelle.

Die moralische Frage nach der Richtigkeit, mithin der Richtung unseres Wirtschaftens wurde im Zuge der Finanzkrise vehement und wiederholt gestellt – noch ist sie unbeantwortet. Viele plädieren für die Behebung dieser postmodernen Mangelerscheinung und fordern – wie der ehemalige Verfassungsrichter Böckenförde[18] – eine inhaltliche Zielbestimmung, etwa die Orientierung am Gemeinwohl oder die Befriedigung der menschlichen Grundbedürfnisse. Wie sie auch immer hieße, eine solche Ausrichtung würde die Zeit wieder in Kraft setzen. Und Beschleunigung wäre überhaupt erst wieder möglich und sinnvoll.

Diagnose 2:
SELBSTOPTIMISMUS BIS ZUR SELBSTERSCHÖPFUNG

Untersucht wird u.a.: die Anything-goes-Hybris; was Überanstrengung mit Freiheit zu tun hat; und warum uns Robert Enke berührt.

Inmitten der beschriebenen Symptome und Paradoxien der heutigen Unternehmenswelten und ihrer Knirschgeräusche ertönt hell und klar das Mantra der zeitgenössischen Arbeits- und Lebenshaltung: »Du schaffst es!« Die Botschaft an den erfolgsorientierten, durchsetzungsstarken Lebensunternehmer und die multitaskingfähige stresssouveräne Networkerin ist ermutigend: keine Bange. Du kannst es. Und du kannst es noch besser. Ist alles eine Frage des Selbstbewusstseins. Löse dich von hinderlichen Gedanken, setze dir attraktive Ziele, überwinde die Angst und ergreife dein Glück. Es gibt keine Probleme, nur Herausforderungen und Lösungen. Wenn du es nur richtig anstellst, wenn du lernbereit, flexibel und proaktiv deine Chancen ergreifst, dann ist für dich alles möglich.

Dieses Selbstsuggestions-Credo passt scheinbar zu jeder beruflichen, persönlichen oder zwischenmenschlichen Fragestellung oder Ambition. Ob es um Kompetenzen, Kreativität oder Konfliktbewältigung geht, um Liebe oder Leid: Das Selbstoptimierungsversprechen ist ein Massen-Rezept geworden. An sich zu glauben, sich permanent zu verbessern und sich die nötige Hilfe individuell zu organisieren, gehört zum Selbstverständnis aller, die auf die Gewinnerstraße gelangen oder sich auf ihr halten wollen. Und es gilt als die beste Prophylaxe, um nicht unter die Räder zu kommen. Kein Wunder, dass sich um die vielfältigen Think-positive-Spielarten herum eine korpulente Glücksindustrie gebildet hat. Wer will nicht gern reich, berühmt, glücklich oder forever young sein?

Etwas weniger schillernd, aber ähnlich apodiktisch tönt es aus den Personalentwicklungsabteilungen der Firmen: »Lebenslanges Lernen« heißt die korrespondierende Parole im beruflichen Kontext. Sie gilt als seligmachende Grundhaltung des arbeitenden Menschen schlechthin.

Was so viel Resonanz erhält, weist entweder auf eine große Not hin oder auf eine große Verheißung. Oder auf beides. Wenn die Selbstverbesserung also das ultimative Rezept ist – welche Diagnosen, welche Erklärungen stecken hinter dieser Verschreibung?

HILF DIR SELBST, SONST HILFT KEINER

Seit geraumer Zeit ist zu beobachten, dass sich der »Wettbewerb des Marktes« immer intensiver und umfassender auch ins Organisationsinnere abbildet. Die Konkurrenz um Aufmerksamkeit und Ressourcen macht aus Teamkollegen Rivalen. Es geht nicht mehr nur um den Wettbewerb für die beste Lösungsidee, sondern die Konkurrenz greift von der Sache immer mehr auf die Personen selbst über. Kosten-Nutzen-Erwägungen durchziehen die kollegialen Beziehungen. Nicht selten heißt die Konstellation: Er oder ich. Im Profi-Sport ist die Konkurrenz zwischen den Vereinsmitgliedern konstitutiv und auch bei Mannschaftssportarten treibt sie das Spiel an. Sie gehört notwendig dazu, um die Leistungsgrenzen nach oben hin zu verschieben. Der Begriff »Coaching« stammt nicht von ungefähr aus dem Sport und will den Einzelnen genau dabei unterstützen. Wer den Beruf des Profisportlers wählt, der liebt diesen permanenten Wettbewerb, nicht nur im Wettkampf oder auf dem Spielfeld mit der gegnerischen Mannschaft, sondern auch innerhalb seines eigenen Vereins. Er kann diese interne Konkurrenzsituation in Kraft und Leistung umsetzen und gewinnt Energie daraus, den Clubkollegen im Training zu überrunden.

Bei Millionen von Angestellten in den Unternehmen weltweit hat dieser wachsende interne Wettbewerb inzwischen zu bedenklichen Nebenwirkungen geführt. Die Haltung heißt »unterm Strich zähl ich – und ich zähle auch nur noch auf mich und auf keinen andern mehr«. Das hat Folgen und verursacht Kosten. Denn im Unterschied zum Spezialbereich Profisport war und ist innerhalb von Arbeitsteams in Unternehmen neben dem Wettbewerb auch der Faktor Zugehörigkeit bzw. Schutz ein wichtiger Motor. Das Team als ein Ort der emotionalen Bewältigung von Veränderung und Belastung verliert mehr und mehr seine Bedeutung. Größere Diversität erhöht den Auseinandersetzungsbedarf, Personalfluktuationen verhindern aber kontinuierliches Zusammenarbeiten. Man investiert emotional lieber nicht zu viel in sich schnell verändernde Bezugsgruppen.

Die Ressourcen, die durch kollegiale Zuwendung, Trost, Verbundenheit etc. sowohl gepflegt wie auch freigesetzt wurden, stehen nicht mehr zur Verfügung. Das omnipräsente Kosten-Nutzen-Kalkül innerhalb der Arbeitsbeziehungen hat ein generelles Misstrauen zur Folge. Was will der andere mit seinem Lob wirklich erreichen? Und was bekomme ich selber, wenn ich für den anderen einspringe, ihm helfe? Lohnt sich das?

Das ganze Konkurrieren dreht sich in Richtung Nullsummenspiel: Was dem andern nützt, bringt mir erstmal Nachteile. Gegenseitige Unterstützung hat ihren Preis, also baue ich lieber auf einen externen Coach, den ich – na gut – auch selber bezahle. Damit ist eher gewährleistet, dass ich gestärkt und nicht funktionalisiert werde, als wenn ich mich meinem Chef oder meinen Kollegen anvertraue.

So wird die Mutmachformel »Es liegt allein an dir« hintergründig gespeist von einer entmutigenden Erfahrung: Mach dir nichts vor. Letztlich bist du allein. Erwarte nichts. Von niemandem.

ANYTHING GOES. WRONG

Ein zweites Erklärungsmodell für den Selbstoptimierungswahn ist die »Anything-goes-Hybris«. Im Slogan »Alles ist machbar!« spiegeln sich die kollektiven, auch unternehmerischen Größenphantasien auf individueller Ebene wider. Nach oben gibt es keine Grenzen für die, die sich selbst als Leistungselite begreifen. Das wäre nicht weiter erwähnenswert, denn seit jeher loten die Ambitionierten und Risikobereitesten jedweder Profession aus, welche Grenzen sie noch überwinden können. Was heute auffällt, ist, dass sich dieser Personenkreis stark erweitert hat, möglicherweise nicht ganz freiwillig. Wer heute nicht um jeden Preis besser werden und aus allem und jedem lernen will, kommt schnell in Erklärungsnot. Eine dezente lernkritische Bemerkung ist das k.o. in jedem Bewerbungs- oder Mitarbeiterjahresgespräch. Auch die Kollegen sollte man wissen lassen, dass man an die eigene Kraft glaubt und jede Herausforderung begrüßt. Wenn man ernst genommen werden will.

Dazu gesellt sich ein ganz anderes Phänomen: Im krassen Widerspruch zu den »Alles-ist-möglich«-Behauptungen erleben Unternehmensmitarbeiter jeder Ebene einen nie gekannten Kontrollverlust am Arbeitsplatz. Die hochrangige, exzellent ausgebildete und mehrsprachige Managerin ebenso wie der Hilfsarbeiter, das Vorstandsmitglied ebenso wie dessen Assistentin – sie alle müssen derzeit erfahren, dass sie es definitiv nicht mehr in der Hand haben, wie lange sie noch in ihrer Funktion oder in ihrer Firma bleiben. Das hängt von zu vielen Faktoren ab, die wesentlichen lassen sich individuell nicht beeinflussen. Die eigene Leistungsfähigkeit, Lernbereitschaft und Loyalität sind also gut und schön, den eigenen Arbeitskontext entscheidend beeinflussen kann man damit nicht. Eine bittere Lektion. Zum ersten Mal zu erleben, dass eine neue Personalkonstellation im Vorstand oder eine leicht veränderte Markenstrategie oder irgendeine andere interne oder externe Windböe das eigene mitunter jahrzehntelange, erfolgreiche Wirken über Nacht hinwegfegen kann – das bringt selbst hartgesottene Selbstoptimisten ins Grübeln.

In diesem Moment schwankt der Boden und das verinnerlichte »Ich-schaffe-alles«-Mantra verbindet sich mit einer großen Angst. Dadurch wird das Mantra aber nicht etwa relativiert, sondern seltsamerweise radikalisiert. Die Mischung aus antrainiertem Wunschdenken und Angst führt dazu, dass die Optimierungsbestrebung zur schieren und reinen Not-Wendigkeit erhoben wird, nicht nur für einen besonders ambitionierten Kreis, sondern zu einer Pflicht für jede und jeden. Der spezifische Mix aus Ohnmacht und Größenwahn nötigt zum Handeln. Denn ein ausbleibender Erfolg – ein verpasster Aufstieg, eine verlorene Position – führt gnadenlos zur doppelten Strafe: Man hat nicht nur sein Ziel verfehlt, sondern muss sich auch noch vorwerfen (lassen), nicht genügend daran geglaubt zu haben! Man hat einfach nicht genug dafür getan. Hier gilt übrigens wie bereits früher angemerkt: Ausschließlich das Ergebnis spricht das Urteil über den Wert der vorangegangenen Bemühungen. Bleibt »der Erfolg« aus, waren die Bemühungen ungenügend. Und es ist auch klar, wer schuld daran ist. Man selbst.

Es ist beeindruckend, wie viele Menschen in Unternehmen bereitwillig enorm große Anstrengungen für ihre individuell-internen Anpassungsprozesse auf sich nehmen. Vermutlich weil sich diese Bemühungen allemal besser kontrollieren lassen als alles andere in der berühmt-berüchtigten Komplexität der Wirtschafts- und Arbeitswelt. Es ist die persönliche Anstrengung und Anpassung an Bedingungen, die ihrerseits ganz und gar überindividuelle Ursachen haben. Ungeachtet dessen, ob kollektive Zu- oder Missstände individuell gelöst werden können, wird genau dies von Wirtschaft und Gesellschaft (und von uns selber) verlangt: Jeder Einzelne muss seine Lösungen finden und sie aus eigener Kraft umsetzen.

DIE ÜBERANSTRENGTEN

Der Einzelne überanstrengt sich vollkommen. »Das erschöpfte Selbst. Depression und Gesellschaft in der Gegenwart«, so heißt die Untersuchung des Soziologen Alain Ehrenberg[19], die bereits kurz vor der Jahrtausendwende weit über den akademischen Zirkel hinaus in Frankreich für Aufsehen sorgte. Ehrenberg rekonstruiert die Medizin- und Sozialgeschichte seit den 30er-Jahren des letzten Jahrhunderts und zeigt detailliert, wie die Depression im letzten Jahrhundert zur Massenerkrankung der westlichen Gesellschaften geworden ist. Sie ist das neue Leiden der Gegenwart und löst die Neurose ab.

Im Zeitalter von Freud war es noch der Kampf gegen die disziplinierende Verhaltenssteuerung autoritärer Institutionen, der den Menschen zusetzte und in neurotische Erkrankungen trieb. Sie waren die spürbaren Folgen einer Gesellschaft, die ihre Mitglieder zu reglementieren versuchte und diejenigen schuldig sprach, die nach Freiheit strebten.

Diese Freiheit ist nun erreicht. Die Autoritäten sind kraftlos geworden, die Individualisierung mit ihrer Loslösung des Subjekts von überkommenen Bindungen und Traditionen ist weit vorangeschritten. Und wer würde sich nicht freuen über diese Entwicklung zu Mündigkeit und persönlicher Souveränität. Unsere gegenwärtigen Gesellschaften haben ihre Individuen in die Freiheit entlassen – aber sie haben ihnen und sich auch das Diktat von Verantwortung und Initiative aufgebürdet. Der moderne Mensch sieht sich jetzt plötzlich verpflichtet, etwas aus seinem befreiten ICH zu machen. Es sind nicht mehr äußere Antriebe, die ihn zu etwas bringen oder zwingen, sondern der Motor muss in seinem Innern schnurren: Initiative, Motivation, Leidenschaft, Eigenverantwortung sind die notwendigen Innenvoraussetzungen für den äußeren Selbstwerdungserfolg.

Ehrenberg schildert, wie die neuen »Ideale ökonomischer Konkurrenz und des sportlichen Wettkampfes das Individuum auf den Weg zu seiner eigenen Identität und sozialem Erfolg gedrängt haben«. Es wird von ihm die nach oben hin offene ICH-Werdung erwartet, nämlich lebenslang »in einem unternehmerischen Abenteuer über sich selbst hinauszuwachsen.[20]« Der zu bezahlende Preis ist die Angst, dabei nicht erfolgreich zu sein – und die Erschöpfung beim Versuch, man selbst zu werden. Die Depression mit ihren ganzen Abstufungen ist die Folgekrankheit. Sie ist gekennzeichnet von einem Gefühl der Minderwertigkeit und Unzulänglichkeit. Kein Wunder: Auf der nach oben offenen Selbstwerdungsskala bleibt immer ein Delta. Gegenüber einer prinzipiell immer begrenzten Notwendigkeit kann es Gelingen geben – gegenüber einer prinzipiell unendlichen Möglichkeit bleibt immer ein unerreichbarer Rest offen. Wenn die Notwendigkeit lautet: Verdiene so viel Geld, dass du deine Miete bezahlen und dein Kind ernähren kannst, dann mag das möglicherweise schwierig sein, aber dieses Vorhaben kann prinzipiell gelingen – und die entsprechende Bestätigung und Beruhigung tritt ein.

Wenn aber die Möglichkeit heißt: Werde reich, glücklich, geliebt, authentisch, tief zufrieden und ganz DU selbst – dann droht unweigerlich das Versagen, die Mangelhaftigkeit. Etwas fehlt immer. Und der aufwändige Versuch, noch besser, noch schneller zu sein, noch mehr zu leisten, hält nur ein Ergebnis mit Sicherheit bereit: Es hätte noch besser sein können. Das ist der gnadenlose Hintersinn des Diktums vom lebenslangen Lernen. Wenn das Raunen der Verheißungspropheten verklingt, hört man den Subtext ganz klar und deutlich: Du bist nie gut genug. Und es ist deine Schuld.

ENKE: EINER VON UNS

Der Depressive ist – ganz entgegen den selbstoptimistischen Appellen – erschöpft, handlungs- und entscheidungsschwach. Das darf nicht sein. Er kann noch nicht einmal gegen eine autoritäre Instanz kämpfen, sondern ist mit sich ganz allein. Zutiefst beschämend, »es« nicht zu schaffen, obwohl und weil »es« doch ganz allein an ihm liegt. Hier beginnt dann die Suche nach Reparatur – und die Selbstoptimierungsbranche hat viel anzubieten. Neben den erwähnten Beratungsdienstleistungen auch jede Menge an Antidepressiva und Aufputschmitteln. Deren zunehmende Beliebtheit ebenso wie den Anstieg von Suchtkrankheiten schildert Ehrenberg ebenfalls eindrucksvoll. Es gilt: Die verträglichere Alltagsmischung aus starken und schwachen Anteilen, aus gesunden und kranken Tagen ist nicht rekordtauglich. Entweder du bist fit und dabei, oder es haut dich raus. Heilung, hat Siegmund Freud einmal gesagt, sei häufig nur ein »Übereinkommen zur gegenseitigen Duldung zwischen Gesundem und Krankem im Patienten«. Aber diese Duldung ist im Zeitalter des Optimismus und der Optimierung gesellschaftlich nicht mehr opportun. In einem Business, das seine Mitglieder in Loser und Winner einteilt, gibt es nur ein entweder – oder.

Daher versucht der Unternehmensmensch Schwächegefühle oder konkrete Krankheitsanzeichen zu verdrängen, vor sich und den anderen. Aus einem Bandscheibenvorfall wird im kollegialen Gespräch ein eingeklemmter Ischiasnerv, aus dem Herpes eine Obstsäureallergie, die Lähmungserscheinung nach einem Schlaganfall wird zum Sportunfall umgedichtet. Wenn das Verharmlosungsgebäude bröckelt und kippt, folgt oft der totale Zusammenbruch unter der Last. Burn-out lautet dann das vernichtende Urteil – und das Erschrecken der Umgebung macht die Situation sowohl peinlicher als auch hoffnungsloser. Nichts geht mehr. Nie mehr (glaubt man). Ein Makel bleibt.

Die überdimensionale Betroffenheit, die der Suizid von Robert Enke in allen Teilen der Gesellschaft ausgelöst hat, wirft ein Schlaglicht auf dieses Thema, auf seine Relevanz wie seine Unterbelichtung in der gegenwärtigen Arbeitswelt: Eine Spitzenkraft, die unter Depressionen litt und dies nicht überein brachte mit ihrer Karriere. In Enke waren einen Moment lang die Pole menschlichen Lebens deutlich sichtbar, wenn auch unversöhnt: Der Anspruch und die Angst, die Leistung und die Grenze, der Sieg und die Niederlage.

Diagnose 3:
KEINE KRISE DER FÜHRUNG, SONDERN EINE DER ZUGEHÖRIGKEIT

Untersucht wird u.a.: die irreale Sehnsucht nach Führung; wie viele Follower-Typen es gibt; warum sich Führungsverhalten nur aus Zugehörigkeit entwickeln kann.

Eine gängige Missstands-Diagnose lautet: Die Situation in und um Organisationen ist deshalb so besorgniserregend, weil nicht mehr gut geführt wird. Was aber, wenn man davon ausgeht, dass es kein klares, abgegrenztes »Wir« mehr gibt, das zu führen ist; wenn wechselnde Zugehörigkeiten und flüchtige Konstellationen gar keine Führung mehr erlauben. Wenn es also gar keine Krise der Führung gibt, sondern eine der Gefolgschaft oder, zugespitzt: eine Krise der Zugehörigkeit. Dann ist auch nicht mehr nach den idealen Führungskräften zu suchen, sondern dann geht es vorrangig um die Neubewertung des Folgens.

IRREAL: DIE SEHNSUCHT NACH FÜHRUNG

Wenn wir alle uns auf einen globalen Konsens einigen können, dann wohl auf den der Orientierungslosigkeit: Es ist den meisten von uns eher unklar, wohin die Reise von Organisationen und den Menschen in ihnen geht, wie lange sie dauert, was morgen passiert und vor allem: an wen ich als Einzelner mich überhaupt noch halten kann?

Das aktuelle Führungspersonal jedenfalls – eigentlich ja prädestiniert für die Rolle der Orientierungsgeber – steht heute stark in der Kritik. Weit verbreitet sind das Herumgenörgel an Managern, die Beschwörung guter alter Zeiten und die Glorifizierung ehemaliger, charismatischer Führungsfiguren (zum Beispiel Helmut Schmidt, den zu seinen Amtszeiten eigentlich niemand charismatisch genannt hat). Bisweilen verstärkt sich das Genörgel zum regelrechten Manager-Bashing und zu Frontalangriffen auf Führungsunfähigkeit, die pikanterweise nicht selten von Ex-Managern geritten werden.[21] Vor diesem Hintergrund ist auch wenig verwunderlich, warum es solche Massen an Literatur gibt, die neue Formen und Typen der Führung präsentieren bzw. predigen. Von lateral bis virtuell, von den putzigsten Führungsmethoden (orientiert an Mäusen oder Delfinen) bis zum postheroisch-kreativen Mega-Executive. Der moderne Leadership-Buch-Markt boomt. Zusammen mit den entsprechenden Beratungs- und Seminarangeboten werden jährlich Milliarden umgesetzt.

Charakteristisch für die gesamte Führungsliteratur ist: Es geht immer nur um die Frage: Was ist gute Führung? Was soll einer oder eine tun, können und sein? So gut wie nie lautet die Frage: Welche Kontexte und Konstellationen bringen welche Art Führung hervor? Das Thema wird komplett durchpersonalisiert. Nicht von Interesse scheinen die Themen Ausgleich, Begrenzung, Kontrolle, Kontexte von Führung zu sein. In der amerikanischen Verfassung mit ihren »Checks and Balances« oder im deutschen Grundgesetz mit seiner föderalen Grundstruktur spielen genau diese Kontexte noch eine Rolle – nicht aber in den immensen Mengen der Leadership-Literatur für Manager.

ZEIG DICH, HELD!

Stattdessen werden Hoffnungen in neue messianische Führungsfiguren geschürt. Barack Obama ist der erste Mensch und Politiker, der den Friedensnobelpreis dafür bekommen hat, dass er die Hoffnung auf Erlösung, auf eine bessere, friedlichere Welt oder was auch immer personifiziert. Peter Sloterdijk raunt in seinem neuesten Buch[22] von der Sehnsucht nach Leitbildern und Helden, »die noch etwas von der Aura ihrer Vorgänger in sich tragen, den Wundermännern archaischer Zeiten, den Zauberern und magischen Diplomaten, die mit den Kräften und Dämonen verhandeln.« Neben diesem magisch-religiösen gibt es auch einen Entertainment-Aspekt bei der Sache mit der Führung: Frank Schirrmacher hat anlässlich der Diskussion über die Präsidentenwahl – Wulff gegen Gauck – festgestellt[23], dass für das heutige Führungspersonal nicht fachliche, sondern ästhetisch-literarische Kriterien gelten. Er rekurriert auf den Bestseller von James N. Frey: »Wie man einen verdammt guten Roman schreibt«,[24] der genau beschreibt, was Helden auszeichnet: eine Geschichte, ein Hauch von Tragik, zahlreiche Hindernisse, etwas Schweres tragen zu müssen etc., und was für die dazu passende Handlung nötig ist: Konflikte, Spannungsbögen, Zuspitzungen. Schirrmachers Fazit: Die Menschen projizieren ihre Erwartungen an Romanhelden auf das Führungspersonal. Je nachdem wie es sich macht, applaudieren wir, sind gerührt oder gruseln uns. Romanhelden dienen allerdings der Unterhaltung, bestenfalls noch der Erbauung. Führungskräfte sollten eine andere Agenda haben.

Eine weitere Variante dieses Führungskultes kann man »die pragmatische« nennen, und sie geht so: Manch einer aus der Wirtschaft schaut mit Furcht und heimlicher Bewunderung auf diktatorische Regimes, speziell nach China. Dort herrschen scheinbar noch klare Regeln, dort weiß man, wer etwas zu sagen hat, und wer nicht. Der Stararchitekt Norman Foster hat das einmal so formuliert: Er baue lieber für Diktatoren, denn die Gebäude seien größer und die Entscheidungen würden schneller gefällt und durchgezogen. Wohl wahr.

Bei so viel Spektakel um den Führungsbegriff ist es nicht gerade erstaunlich, dass der Begriff »Gefolgschaft« dagegen so furchtbar unattraktiv wirkt. Vermutlich, weil er irgendwie nach blökender Schafherde riecht.

DIE FOLLOWER

Barbara Kellermann[25], Politikwissenschaftlerin an der J. F. Kennedy School of Government in Harvard, beschäftigt sich nicht nur mit dem Thema »Führen«, sondern auch mit dem Machtgefüge zwischen Leader und Gefolge. Sie differenziert sogar die Followers – üblicherweise macht man das ja nur mit »Führungsfiguren« – und unterscheidet folgende Typen: 1. *Isolates*/Einzelgänger: Sie stehen abseits, bekommen weder mit, was geht, noch wollen sie es überhaupt. 2. *Bystander*/Beobachter: Sie zeigen keine Beteiligung, halten sich Optionen offen, arrangieren sich ggf. mit jedem, sitzen ihren Dienst ab. 3. *Participants*/Teilnehmende: Sie machen mit, engagieren sich mal für, mal gegen den Chef. 4. *Activists*/Engagierte: Sie investieren einen großen Teil ihres Lebens und Arbeitens in eine Aufgabe oder einen Zweck. 5. *Diehards*/unverbesserliche Idealisten: Sie sind bereit für ihre Überzeugung, ggf. auch für ihren Anführer zu sterben.

Kellerman ist noch ziemlich allein in ihrer Beschäftigung mit der Kehrseite des Führens. Obwohl zwei große gesellschaftliche Entwicklungen allseits bekannt und durchanalysiert sind, die den Fokus eigentlich deutlicher auf die Follower lenken müssten: Erstens haben die 1960er- und 1970er-Jahre die politischen und sonstigen Autoritäten in den westlichen Gesellschaften vom Sockel gestoßen. Der »mündige Bürger« sollte eigentlich die Herrschaft übernommen haben. Und auch wenn sich viele antiautoritäre Ressentiments überlebt haben mögen – die Mündigkeit als Tugend wird nach wie vor hoch geschätzt. Das müsste die Sehnsucht nach Führung eigentlich begrenzen. Auch der zweite große Prozess – er ist neueren Datums und noch lange nicht am Höhepunkt angelangt – weist in Richtung Mündigkeit und Selbstständigkeit: Durch die neuen technischen Evolutionen, zum Beispiel die Echtzeit-Kommunikation, entstehen und wachsen ungeheure Möglichkeiten zur Verständigung und Vernetzung. Zu- und Abstimmungsbewegungen lassen sich erstmals im großen Stil managen. Das gemeine Volk bzw. der mündige Bürger bzw. der engagierte Arbeitnehmer kann sich in Sekundenschnelle organisieren. Und immer mehr tun es ja auch, im Mikroblogging-Netzwerk »Twitter« tragen sie sogar diesen Namen: Follower.

Warum hört sich »Gefolgschaft« trotzdem noch nicht attraktiv an? Vielleicht weil kein modernes, sich erwachsen fühlendes Individuum westlicher Prägung einfach so jemandem hinterherläuft? Vielleicht muss man Gefolgschaft zunächst einmal anders nennen.

KONTAKT: JA, ZUGEHÖRIGKEIT: NEIN

Hinter Gefolgschaft steckt ursprünglich etwas anderes: eine Zugehörigkeit. So lautet eine archaische Definition von Führung: Es führt der, der in einer bestimmten Lage mit seinem Können und seiner Initiative der Gruppe bei ihrem (existenziellen) Vorhaben oder Tun am meisten helfen kann. Es ist also eine bestimmte Zugehörigkeit, eine Interessengemeinschaft, aus der heraus sich Führung(sverhalten) entwickelt – und Sinn macht. Offenkundig wird das, wenn man eine Bande Halbstarker, eine Fußballmannschaft oder auch eine Reisegruppe betrachtet. Dies sind Gruppen, in denen jeder Einzelne situativ der Person folgt, die ihm am meisten hilft, »Erfolg« zu haben. Ähnliche Gruppen gibt es im Business. Hier heißen die möglichen Interessengemeinschaften Analysten, Konsumenten, Projektmitarbeiter, Sozialverbände, Clubs, Azubis, Praktikanten, Kundengruppen, Lohngruppen, Aktieninhaber, Taskforces.

Bei ihrer genaueren Betrachtung fällt zweierlei auf: 1. Eine Person hat traditionell viele dieser Zugehörigkeiten. Sie treten miteinander sogar in Konkurrenz. 2. Der Prozess, dass die Verweildauer bei und die Unterstützung von bestimmten Gruppen und Themen seit Jahrzehnten abnimmt, ist wohl unumkehrbar. Die Entwicklung führt weg von Langfristbindungen, wie es sie einmal gab, weg von Glaubensbekenntnis, Parteibuch, Ehe oder Lebenslangvertrag in einer Firma. Es folgten Kurzfrist- oder Garnichtmehrbindungen: Lebensabschnittskonstellationen, Projektmitarbeit, Multiprojektmanagement, Zapping. Man knüpft viele neue Kontakte und vernetzt sich munter, aber daraus werden meist keine Zugehörigkeiten. Immer mehr dieser ehemals festen, echten Bindungen lösen sich auf, bilden sich situativ neu bzw. lassen sich immer schwieriger herstellen.

Was heißt das für den Ruf nach guter Führung? Er verhallt. Muss verhallen. Denn Führung kann die Bindekräfte, die eine Interessengemeinschaft auszeichnet, nicht herstellen, sondern ist – umgekehrt – darauf angewiesen. Niemals kann eine Person als solche diese Bindekraft sein, also der Grund, warum ich als Individuum irgendwo dabei bin. Vielmehr müssen die Fragen lauten: Was ist mir so wichtig, dass ich Widrigkeiten – wie zum Beispiel mittelmäßiges Führungspersonal – aushalte? Welches Dritte, Übergeordnete verbindet mich mit diesem? Was leistet die mittelmäßige oder schnoddrige oder arrogante Führungskraft für dieses Dritte?

Statt WER führt gut? könnte man weiter fragen: WEN gilt es zu führen? WAS gilt es auszuführen? Die Diskussion um Führungskompetenzen übertönt und verhindert aber die tiefer gehende Diskussion um unsere grundlegenden Identifikationen. Welche Aktiven, Engagierten, sogar »Diehards« verschreiben sich warum einem bestimmten Zweck? Auf welcher Ebene betrachten wir uns als zusammengehörig? Und zwar für länger als einen Tag.

MIT WEM SETZE ICH MICH GLEICH?

Zugehörigkeiten werden nicht mehr gepflegt. Vielmehr wird die Absatzbewegung belohnt und gefordert. Individuell geht es vorrangig um die Suche nach dem eigenen USP, um Strategien des Self Branding, um charakterliche Alleinstellungsmerkmale, ums Anders-sein-als-die-Masse. Also tendenziell um das Gegenteil von dem, was »sich identifizieren« bedeutet. Nämlich: sich einfühlen, sich gleichsetzen (von lat. idem: »derselbe«, facere: »machen«), sich hinter etwas stellen, sich hineindenken, Parallelen ziehen ... Es ist, wie der Futurologe Karl Mannheim schon in der ersten Hälfte des 20. Jahrhunderts meinte: »Je stärker die Menschen individualisiert sind, desto schwieriger wird es, eine Identifikation zu erreichen.«[26]

Auch kollektiv und organisational betrachtet, ist das geschlossene System mit seiner starken Bindekraft nicht mehr erwünscht bzw. an vielen Stellen auch nicht mehr brauchbar: Es geht in den Unternehmen um »open source«, offene System-Grenzen, flexible Verknüpfungen unterschiedlicher Art, Matrixstrukturen, variable Schnittstellen. Bereichsübergreifendes Denken und Handeln ist gefordert, um innerhalb der Marktdynamik handlungsfähig zu sein.

Es scheint tatsächlich, dass Notwendigkeiten sich besser dazu eignen, Führung zu generieren, als die Vielfalt der Optionen. Die im Herbst 2010 über zwei Monate eingeschlossenen Bergleute in Chile bildeten ein solch not-wendiges System. Eine geschlossenere Gemeinschaft als die der Kumpel dort lässt sich kaum denken. Eine Notgemeinschaft. Ausweichen unmöglich. Hier konnte sich ein klassischer Leader (der Schichtführer Luis Urzua) etablieren, dem klassisch gefolgt wurde, weil er für die Gruppe Hilfreiches leisten konnte. Weder konnte sich der Anführer eine neue Gefolgschaft aussuchen, noch konnten die Eingeschlossenen sich absetzen, wenn ihnen etwas nicht passte. Die Chilekumpel machen überdeutlich, dass Führung eine Funktion für eine konkrete Gruppe hat – und kein Wunschkonzert ist nach dem Motto: Wer behandelt mich am besten? Wer unterhält mich am spektakulärsten?

Wollen wir deswegen zu Eingeschlossenen werden? Wohl kaum. Wir leben nun einmal mit Optionen und offenen, mäandernden Systemen. Und wir wechseln ständig unsere Konfigurationen, rennen rein und raus, weil irgendetwas oder irgendwer nicht passt, lassen uns Hintertüren offen und experimentieren mit Gelegenheiten.

Wo aber keine definierte Gruppe mit einem definierten Ziel existiert, sondern nur Netzwerkpunkte, moving targets und flüchtige Konstellationen – da kann »Führung« nur als Jonglieren mit Optionen funktionieren. Wobei erschwerend hinzukommt, dass der Führende gleichzeitig einer der Bälle ist.

Die Frage »Wo sind denn die richtigen Führungsleute?« verdeckt deshalb die anderen, wesentlicheren Fragen, und zwar auf organisationaler wie individueller Ebene. Die Organisationsfragen lauten: Wie können in einem prinzipiell nicht steuerbaren Kontext mit seinen heterogenen Interessenfeldern und wechselnden Konfigurationen Wirkungen, Entscheidungen und Ergebnisse hervorgebracht werden? Welche Öffnungen brauchen Systeme, welche Schließungen brauchen sie aber auch? Und welche Verbindlichkeiten? Verbindlich kommt von Verbindung.

Individuell ist – auch im Sinne von Kellermann und ihren Gefolgschaftskategorien – u.a. zu fragen: Wovon bin ich isoliert? Was beobachte ich nur – und mit welchem Interesse? Wo engagiere ich mich? Mit wem setze ich mich gleich? Mit wem verbinde ich mich, weil ich mich ihm verbunden fühle? Welchem Druck halte ich stand? Welchen erzeuge ich? Welches »Wir« priorisiere ich im Zweifelsfall? Das Konsumenten-Wir? Das Europäer-Wir? Das Professionskollegen-Wir?

Solange darüber nicht geredet wird, bleibt die Debatte um das richtige Führungspersonal ein Ablenkungsmanöver, eine Sehnsuchtsprojektion oder auch nur eine unterhaltsame Casting-Show. Und nicht zuletzt eine unnötige Belastung für die klugen, guten Führungskräfte, die ihren Job mit ausgeprägtem Bindungsbewusstsein machen.

Diagnose 4:
CHANGE-ALARM UND GLOBALISIERTE MEHRWERTVERNICHTUNG

Untersucht wird u.a.: warum Globalisierung oft nur Turbo-Kapitalismus meint; ob Macht das Privileg ist, nicht lernen zu müssen; und wie Change und Mehrwertvernichtung zusammenhängen.

»Globalisierung« wird wie ein Krieg erklärt. Der Begriff knallt wie ein Schuss, der alle aufweckt und in Alarmbereitschaft versetzt. Schluss mit dem gemütlichen Vorsichhinarbeiten der alten Ära – jetzt geht es ans Attackieren und natürlich auch darum, sich gegen heranrückende Feinde zu wehren. Aufrüstung ist angesagt. Oder zumindest ein Sich-fit-Machen für Stürme und Attacken. »Die Globalisierung« kann aber noch mehr. Sie dient im Grunde als ultimative Erklärung für alle Prozesse, die unverständlich, komplex, unangenehm, gefährlich, unvermeidbar, notwendig etc. sind. Und sie macht »Change« dringend nötig.

»Change« – Veränderung – ist das eigentlich unfassbar allgemeine, triviale Patentrezept angesichts der ebenfalls unfassbar allgemeinen, trivialen Hyper-Diagnose »Globalisierung«: eine Fitnesskur, ohne die keine Gesundung, ja nicht einmal das Überleben möglich ist. Der erste von John P. Kotters legendären acht Schritten zum Change-Erfolg heißt denn auch: das Bewusstsein für Dringlichkeit schaffen.[27] Nachdem die Globalisierung erklärt wurde, muss mobilisiert werden.

Offiziell geht es bei diesen Changes immer um das Überleben der Organisation, um die Erhöhung der Effizienz, das Ausschöpfen von Synergiepotenzialen und gern auch um die Veränderungs- und Lernbereitschaft an sich. Change steht für Dynamik, Vorwärtsgerichtetheit, Proaktivität – und ist Vorzeigevokabel für weit mehr als nur eine Reorganisationsmaßnahme. Sie behauptet Offenheit für Neues, Innovationshunger und ein grundsätzliches Sich-infrage-Stellen. Sie wird zur Chiffre des modernen, beweglichen, aufgeschlossenen Menschen. Der Change wird zu einer Haltung, die man einfordert. So weit das Wunschdenken.

FREIHEIT, NICHT FÜR ALLE!

Noch einmal zurück zum Ausgangspunkt: Was genau ist eigentlich mit »Globalisierung« gemeint? Ein freier und liberalisierter Welthandel? Den gibt es immer noch nicht, auch wenn das behauptet wird. Die Internationalisierung des Handels? Die gibt es sehr wohl, und zwar schon seit der Antike. Schon damals hatte sich der Warenverkehr (griechische Schiffe im Mittelmeer) über die staatlichen Grenzen hinaus gewagt und als Schrittmacher für Kultur und Innovation etabliert. Es folgten die Hanse im Mittelalter und die vielen anderen weltweiten Güterbewegungen, ob Seidentransport aus China oder Wolleeinfuhr aus England.

Mit der modernen Verringerung von Transport- und Kommunikationskosten hat sich diese Internationalisierung noch einmal stark dynamisiert. Eine Binse, aber wahr: Noch nie war die Welt so vernetzt – ökonomisch, ökologisch, elektronisch. Und natürlich sind freie Waren-, Kapital- und Informationsflüsse sehr zu begrüßen, denn davon profitieren faktisch viele. Das eigentlich Interessante ist aber: Seit »Globalisierung« als politisch-ökonomischer Begriff verwendet wird – seit etwa den 1980er-Jahren – bezeichnet er weniger die Internationalisierung der Wirtschaft, sondern vielmehr das, was der ehemalige US-Minister für Arbeit, Robert

Reich, den »Super-Kapitalismus« genannt hat: eine aggressive Zunahme des Wettbewerbs; einen immensen Konzentrationsprozess von Macht und Kapital. Im Namen der »Globalisierung« wird als Naturgesetz postuliert, dass Spielregeln unumgänglich sind, die die Starken stärker und die Schwachen schwächer machen. Der Ex-VW-Chef Daniel Goeudevert beschreibt in seiner Kritik am Super-Kapitalismus dessen Mechanismen sehr genau – und mit ihm stimmen viele Ökonomen und Kenner der Materie überein, die nicht verdächtig sind, markt-, liberalisierungs- oder internationalisierungsfeindlich zu sein[28]. Die »Globalisierungsaktivisten« – eine agile Finanzindustrie, hochentwickelte Konzerne, aber auch Institutionen wie der IWF, die WHO und die Weltbank – treten im Namen der Freiheit auf, verfolgen aber tatsächlich eine Strategie, die konsequent darauf ausgerichtet ist, Märkte für die eigenen Industrien zu erobern. Staaten, deren Binnenmarkt stabil war, geraten durch die erzwungene Öffnung in kolossale Abhängigkeiten und Schieflagen, weil sie dieser neuen Form von Wettbewerb noch nicht gewachsen sind. Bemerkenswerterweise entwickelten sich Länder wie China oder Indien hervorragend, gerade weil sie sich den liberalistischen Forderungen von Weltbank und IWF verweigert und ihren Markt, gerade auch den Finanzmarkt, nicht vollständig dem Weltmarkt geöffnet haben.

Die Rede von der Globalisierung dient Großorganisationen also oft nur dazu, Expansionspläne und Markterweiterungen zu rechtfertigen. Das ist ein legitimes Eigen-Interesse, sollte aber als Machtpolitik begriffen und nicht als Freiheits- und Wohlfahrtversprechen missverstanden werden.

»MACHT IST DAS PRIVILEG, NICHT LERNEN ZU MÜSSEN«

Ein viel zitierter Satz des Historikers und Politikwissenschaftlers Karl Deutsch. Er bedeutet: Macht ist prinzipiell daran interessiert, dass sich die Verhältnisse nicht ändern. Und in der Tat sind ja Organisationen, Systeme, Firmen fundamental daran interessiert, ihre Macht zu behalten bzw. zu erweitern. Multinationale Konzerne kämpfen verbissen um jeden Zentimeter ihrer Marktstellung und Machtposition.

Wie passt dazu die weitverbreitete Behauptung, dass jene Changeprozesse – das Fitnessrezept für den globalen Wettbewerb – Lernen, Entwicklung und Offenheit befördern (und nicht etwa Beharrung oder allenfalls Ausbau des Bestehenden)? Und wie passt wiederum dazu, dass Changeprojekte von vielen in diversen Unternehmen vor allem als unerfreulich empfunden werden? Kann es sein, dass der Change-Geist oftmals gerade kein Geist des Neuen, des Lernens, des Aufbruchs ist, sondern dass die inneren Treiber eines Change eher Durchsetzung, Machterhalt und Angst vor Machtverlust sind? Und dass die bisweilen massiven innerbetrieblichen Widerstände gegen Changes möglicherweise gar nicht der behaupteten (aber nirgends spürbaren) Erneuerung gelten, sondern der impliziten Gewalt?

WAS ÄNDERT EIN CHANGE WIRKLICH?

De facto sind es 1000 verschiedene Prozesse und Wirkungen, die im Namen eines Change ablaufen und erzielt werden. Zunächst wird »Change« in Unternehmen schlicht alles genannt, was irgendwie anders ist oder jetzt neu, nicht mehr so wie bisher, wieder mal anders und schneller gemacht werden soll. Vor diesem Hintergrund können Changeprozesse durchaus zu anspruchsvollen Selbstorganisationsprozessen führen. Wie in der Physik wird schon durch die Changeankündigung in der Organisation zuerst die Energiezufuhr erhöht, durch Dringlichkeit, Druck und Drive. Dadurch entstehen Turbulenzen, dann kommt es zu sogenannten emergenten, aus der Chaosforschung bekannten Phänomenen: Einzelne Elemente auf der Mikroebene verändern ihre Bewegung, verstärken oder verbinden sich wechselseitig so, dass es auf der Makroebene zu ganz neuen, nicht vorhersehbaren Mustern und Zuständen kommt. Prosaischer ausgedrückt: Ein Fuchs kommt in den Hühnerstall, und die Hühnerleiterhierarchie gerät gehörig durcheinander. Egal ob innerpsychisch oder in Gruppen, in Meeres- oder Hirnströmen, in Molekülen, bei Hühnern oder Planeten – bei energetischer Anregung über Temperatur oder Geschwindigkeit, kippt irgendwann das bisher vorhandene Gleichgewicht in einen neuen Zustand. Energiezufuhr schafft also immer Turbulenz. Und in turbulenten Systemen konkurrieren verschiedene, noch ungeordnete Bewegungsarten miteinander; eine erweist sich dann als erfolgreicher als andere; welche, ist allerdings nicht vorhersehbar und lässt sich nur begrenzt steuern.

Ein Changevorhaben ist aber zum Beispiel auch ein passabler Selektionsmechanismus, um herauszufinden: Wer im Unternehmen ist guten Willens, wer lässt sich mobilisieren, und wer verweigert den Kriegsdienst? Skeptiker des einen oder anderen Veränderungsvorhabens sehen sich dabei immer dem grundsätzlichen Verdacht ausgesetzt, Lernverweigerer und Ewiggestrige zu sein. Mit denen lässt sich kein Staat machen, kein Neuland erobern. Dabei handelt es sich oft nur um blinden Aktionismus. Bevor sich – durch Changeprozesse – ein neues Gleichgewicht ergeben oder eine neue Ordnung bilden kann, wird oft einfach weiter verändert. Der Effekt ist wie der auf Vögel nach einem Schuss: Die Vögel auf der Stromleitung flattern auf und fliegen panisch umher, dann beruhigen sie sich und ordnen sich nach und nach wieder neu, dann kommt der nächste Schuss, mit demselben Effekt. Nach einer Reihe von Schüssen merkt allerdings auch der schrägste oder ängstlichste Vogel, dass sich die Aufregung nicht lohnt; und er lernt, dass es ausreicht, leicht mit den Flügeln zu schlagen, hyperaktiv zu tun und sich dann bald wieder auf die Leitung zu setzen. Nur die ganz neuen Vögel – die die Schuss-Situation erstmals erleben – flattern länger umher. So bewirkt ein Change oft also gerade keine Veränderung, sondern ist reine Pseudo-Aktivität. Dahinter stecken Passivität, eine große Systemträgheit und die Unfähigkeit, sich aus alten Mustern zu lösen.

WILLKOMMEN IN DER MEHRWERTVERNICHTUNG

Und was bedeuten die veranlassten Veränderungen eigentlich ökonomisch für ein Unternehmen? Bringen die angestoßenen Reorganisationsmaßnahmen je den behaupteten wirtschaftlichen Mehrwert? Davon abgesehen, dass das natürlich so pauschal nicht zu sagen ist, sondern es immer auf den Einzelfall ankommt – wie gesagt, es versteckt sich ja alles Mögliche und Unmögliche hinter dem Terminus »Change« –, wollen wir drei Mehrwertvernichtungskategorien näher beleuchten. Man findet sie in vielen Unternehmen und sie stehen in seltsamem Widerspruch zu den gern behaupteten Segnungen der »Globalisierung«, als da beispielsweise wären: die Welt wächst zusammen, alle profitieren, nur keine Berührungsscheu.

MEHRWERTVERNICHTUNGSKATEGORIE 1: SCHNITTMENGENZERSTÖRUNG

Mehrwert kann nur entstehen, wenn sich zwei Interessenmengen überschneiden. Zwischen einem Kunden mit einem kaputten Motorrad und einem Mechaniker gibt es prinzipiell eine Schnittmenge: Der Kunde will sein kaputtes Moped geheilt bekommen, weil er die Maschine liebt; der Techniker will ein technisches Problem lösen, weil er es liebt, technische Probleme zu lösen. So entsteht Mehrwert. Zwischen einem Mitarbeiter in einem Callcenter – dieser braucht viele und kurze Telefonate – und dem Kunden, der Hilfe, Verständnis und Erklärung braucht, gibt es diese Schnittmenge nicht mehr. Beide strengen sich sehr an und sind abends vollkommen erschöpft. Der Schnittstellenmehrwert aber ist auf der Strecke geblieben. Callcenter sind inzwischen vielfach die einzige direkte Kontaktmöglichkeit zwischen Kunden und Unternehmen: Struktur gewordene Missverständnisse.

Viele Reorganisationen scheinen sich dieser Schnittmengenvernichtung verschrieben zu haben: Es gibt dauernd wechselnde Ansprechpartner, wechselnde Problemlagen, wechselnde Kollegen. Da ist oder entsteht kein »gemeinsames Drittes«, das jedem Prozess- oder Projektbeteiligten ein Anliegen ist und das deswegen von allen Beteiligten vorangebracht wird. Dieses »Dritte« ist die klassische Schnittmenge der Einzelinteressen. In der Regel ist es inzwischen einfach so: zwei Parteien haben zwei Anliegen. Ohne Schnittmenge. Parallel versuchen sie, den anderen für ihr Anliegen zu funktionalisieren. Gewonnen hat, wer sein Anliegen besser durchsetzt. Mehrwertschädigend an dieser neuen Grundkonstellation ist insbesondere, dass beide Parteien einander nicht über den Weg trauen, weil sie an ein gemeinsames Interesse ohnehin schon lange nicht mehr glauben. Viel Energie und Kraft wird deshalb statt in die Prozess- oder Produktentwicklung in Sicherheitsmaßnahmen zur Manipulationsabwehr gesteckt. Eine fatale Verpuffung von Kreativität.

MEHRWERTVERNICHTUNGSKATEGORIE 2: KONTEXTTILGUNG

Kontexttilgung meint: Abläufe werden so designt, dass sie in Kalkutta ebenso funktionieren sollen wie in London. Das hat immense Kosten zur Folge. Zunächst kostet es Mühe, Nerven und viel Geld, die Abläufe so zu standardisieren oder auch zu nivellieren, dass sie weltweit gelten können. Dann kostet es ebenso viel an Mühe, Nerven und Geld, die solchermaßen sterilen Prozessketten wieder zu rekontextualisieren, sprich: in den lokalen Zusammenhang (von Kalkutta oder London) zu setzen und lebendig bzw. lebenstauglich zu machen. Dafür sind groß angelegte Rückübersetzungsmaßnahmen nötig.

Ursprünglich hatte man Organisationen gegründet, um die Transaktionskosten zu verringern; das sind Kosten, die entstünden, wenn jedes Geschäft mit immer wechselnden Protagonisten immer per Einzelvereinbarung geschlossen werden müsste. Inzwischen steigen die Transaktionskosten wieder, und zwar generell und vehement. Wenn die ganze Welt zu einer einzigen Organisation wird (nicht wenige Firmen versuchen sich ja an dieser Form der Alleinherrschaft), dann befinden wir uns entweder in einer Matrix-Diktatur – worauf die ungeheuren Datenakkumulationen und ausgeklügelten Überwachungs- und Kontrollmechanismen hinweisen. Oder wir kämpfen uns durch jenen chaotischen Dschungel, der wucherte, bevor sich die ersten Organisationsformen etabliert haben.

Unendlich viele Kraftfelder und Bewegungen – einmal standardisierend, einmal lokalisierend – verheddern oder neutralisieren sich. Man stelle sich vor: Jede einzelne Verbindung auf diesem Globus ist ja prinzipiell möglich und damit gleichermaßen unwahrscheinlich; frei nach dem zweiten Hauptsatz der Thermodynamik strebt die Weltfirma dem Zerfall und dem absoluten Kälte-Nullpunkt zu. In diesem Kosmos trifft irgendein Sternenschnipsel auf irgendeinen anderen kleinen dahintreibenden Kometensplitter – und ist schon froh, wenn die Begegnung nicht in einer Karambolage endet. Was man eigentlich voneinander will und braucht, ist irgendwo in den unendlichen Transaktionsweiten verloren gegangen.

Es kommt bei diesen Aufeinandertreffen in globalisierten Organisationen zu skurrilen Szenen: Hamburger Kollegen müssen für einen bestimmten Prozessschritt bzw. den dabei auftauchenden Problemen immer mit den indischen Kollegen telefonieren. Nun hat man sich auch als Hamburger das interkulturelle Wissen angeeignet, dass es angesagt ist, sich zuerst nach dem Befinden der Familie des indischen Gesprächspartners zu erkundigen. Auch wenn einen die gar nicht interessieren und man den Menschen wahrscheinlich auch kein zweites Mal am Telefon haben wird. Umgekehrt fragt auch der indische Kollege, was die Anruferin denn am Wochenende so gemacht hat. So muss sie erzählen, dass sie mit dem Gatten zum Shopping eben nach London geflogen ist. Oder zwei Tage die Rollläden runtergelassen und sich DVDs ihrer Lieblingsserie reingezogen hat, was nun möglicherweise den indischen Kollegen irritieren könnte, weswegen die Hamburger Kollegin ernsthaft überlegt, ob sie nicht per kleiner Notlüge ein kulturell kompatibleres Wochenendprogramm durchgeben soll, damit das Gespräch nicht so lange dauert. Es herrscht schließlich ziemlicher Projektdruck, weil ein bestimmter real existierender Fehler behoben werden muss. Neben all dem Gequassel verstehen beide nicht, warum dieser Fehler trotz Schulung und detaillierter Prozessbeschreibung, trotz bestem Willen und unzähligen Telefonaten immer wieder auftritt – aber sich über die Ursachen klar zu werden oder sich über generelle Lösungen zu verständigen, dauerte noch länger, die Zeit reicht nur für die Behebung des akuten Falles, außerdem verschiebt sich das Problem morgen auf ein anderes hanseatisch-indisches Kollegenpaar, das dann wieder neu am Telefon aufeinandertrifft und versucht höflich zu sein.

MEHRWERTVERNICHTUNGSKATEGORIE 3: AUSBEUTUNG MIT TODESFOLGE

Die der Globalisierung geschuldete Machtakkumulation hinterlässt Sieger und Besiegte. Letztere gehen Konkurs und sind nicht mehr von Nutzen. Das ist fatal, denn auch das Räuber-Beute-Verhältnis ist prinzipiell als ein kooperatives Verhältnis angelegt, sagen uns die Evolutionsforscher. Geht der Räuberpopulation die Beute aus, dezimiert sie sich notwendigerweise mangels Nahrung. Währenddessen erholt sich die Beutepopulation, was wieder gut für die Räuber ist. Das bedeutet: Auch ein multinationaler Weltmarktführer sollte ein Interesse daran haben, die Kuh, die er melkt, nicht umkommen zu lassen.

Genau das aber geschieht regelmäßig. Etliche Wirtschaftszweige und Varianten von Wirtschaftsformen, gerade in mittlerer Größe, verschwinden von der Bildfläche. Damit ist, evolutionstechnisch gesprochen, das Fließgleichgewicht zwischen den Arten außer Kraft gesetzt. Es kommt zum großen Artensterben, weil die Zulieferer pleite oder die Märkte ausgelutscht sind. Das ganze System kollabiert. In der Evolutionssprache nennt man das die »regulierende Katastrophe«: eine ruckartige Anpassung, nachdem das evolutionäre Spiel unterbrochen wurde, um ein verloren gegangenes Gleichgewicht wieder herzustellen.

Es ist einfältig zu denken, dass Größe allein je genügen könnte und das Kleine nicht bräuchte. Oder das Mittlere. Oder das Andere.

Gerade um des eigenen Überlebens willen. Und alles wird ungesund einförmig, wenn mit der zeitgenössischen Vereinheitlichung aufgrund der Monopolkapitalismen immer mehr Unterschiede, Denkweisen, Kulturen, Sprachen verloren gehen – und auch als kulturelle Ressourcen nicht mehr zur Verfügung stehen.

VORSICHT VOR BLUFFBEGRIFFEN

Mit der gängigen, aber sehr unscharfen Diagnose »Globalisierung« wird alles und jedes begründet – oder gleichermaßen verteufelt. Dabei gilt es zu differenzieren: Das Problematische an der Globalisierung ist nicht die Internationalisierung des Handels – die ist zu begrüßen und es gibt sie seit der Antike –, sondern die Konzentration von Macht und Kapital auf Wenige und Große. Es mangelt schlicht an lebensnotwendiger (Arten- und Perspektiven-) Vielfalt.

Changeprozesse – umfassende Reorganisationen – gelten als das ultimative Rezept für eine Organisation, um den Herausforderungen der Globalisierung zu begegnen. Das Zauberwort »Change« suggeriert Veränderungs- und Lernbereitschaft und soll Effizienz, Flexibilität und Synergien steigern. Tatsächlich ist der Begriff aber bis zur Unkenntlichkeit verdorben, und Changeprozesse erweisen sich gern auch als Gegenteil dessen, für das sie sich ausgeben: statt Lernen, Bewegung, Effizienz zementieren sie das Recht des Stärkeren, erzeugen Beharrung und Gewalt.

Mehrwert und Wachstum bleiben im Globalisierungs- und Changewahn oft auf der Strecke: Statt Mehrwert zu generieren, erhöhen sich die Kosten. Statt Wachstum erleben wir Artensterben.

Diagnose 5:
BEI KOMPLEXITÄT HILFT DENKEN, NICHT GLAUBEN

Untersucht werden u.a.: die Allzweckdiagnose Komplexität, der Magiedrift, Liturgiewahn sowie der Unterschied zwischen »confidence« und »trust«.

Das Ende der Kalkulierbarkeit ist allüberall. Neben der »Beschleunigung« ist die »Komplexität« der Begriffsliebling zur Charakterisierung der modernen Wirklichkeit. Und ihre noch speziellere Begriffsschwester Dynaxität – die Kombination von Dynamik und Komplexität – wird als zentrale Ursache für die speziellen Zumutungen im Arbeitsleben beschrieben: Informationsflut, unendlich viele Verknüpfungen, Unübersichtlichkeit etc. Was aber steckt hinter der Allzweckdiagnose Komplexität?

Man trifft auf sie in Systemen mit vielfach verknüpften Einzelteilen und entsprechend unkalkulierbaren Wechselwirkungen. Das Ökosystem ist so ein sich selbst regulierendes System, dessen Vielzahl der ablaufenden Prozesse sich nicht in triviale Wenn-Dann-Folgen pressen lässt. Mit Hilfe des »systemischen Denkens« versucht man, diese komplexen Gebilde zu verstehen – und grenzt sich damit scharf vom linear-mechanistischen Weltbild ab.

Lebendige Systeme – dazu zählen neben Öko- auch alle soziotechnischen Systeme wie zum Beispiel Unternehmen – funktionieren eben nicht nur nach der mechanischen Logik. Konkret: Ein für Laien schon recht kompliziert anmutendes Fernsehgerät kann ein Techniker komplett auseinandernehmen, analysieren und wieder zusammenbauen. Es ist auf eine bestimmte Weise vollständig erfassbar, quantifizierbar und auch prognostizierbar. Beim Verschieben des Lautstärkereglers passiert immer dasselbe (wenn–dann). Im Ökosystem oder in der Weltwirtschaft oder in persönlichen Beziehungen gibt es diese einfachen Regler und Regeln nicht. Dort sind nie alle Informationen in Gänze vorhanden. Jeder Analyseversuch verändert die Ausgangssituation und damit das System. Vor allem aber ist direkte Steuerung nicht möglich. Während der An-/Ausschalter bei einer Maschine zuverlässig funktioniert, sucht man zum Beispiel einen Motivationsschalter bei der Mitarbeiterschaft vergebens. Lebendige komplexe Systeme sind prinzipiell also schwer bis gar nicht kalkulierbar; allenfalls ihren Kontext kann man beeinflussen.

Deshalb werden die Systemiker und Organisationsentwickler auch nicht müde zu warnen: Komplexe Unternehmenswelten lassen sich mit den Mitteln des (überwundenen) linear-mechanistischen Zeitalters nicht steuern. Die Analyse von Zahlenkolonnen bringt kein eindeutiges Rechen-Ergebnis, geschweige denn eine eindeutige Handlungskonsequenz. Die Verknüpfung von Zahlen, Menschen, Strukturen, Märkten, Strategien auf dem weltweiten Feld des Wirtschaftens ist einfach zu vielschichtig. Wir müssen lernen, mit Multikausalität, Mulitivariabilität, Vieldimensionalität und Offenheit umzugehen. Das macht das Ganze reichlich unübersichtlich. Eine Rezeptur, die gegen dieses Leiden vermehrt angeboten wird, heißt: »simplify your life«. Die etwas anspruchsvollere Rezeptvariante ist das »systemische Denken«, es präferiert das Jonglieren mit Selbstorganisation, Komplexitätsmanagement und Kontext-Intelligenz.

De facto wird aber weder simplifiziert noch linear noch systemisch gedacht. Sondern zunehmend gar nicht mehr.

RÜCKFALL IN DIE MERLIN-ÄRA

Es ist angesichts der viel beschworenen Komplexität etwas Gravierendes, nämlich eine Retrobewegung sondergleichen zu beobachten: der Rückfall ins magische Zeitalter, das ja historisch gesehen vom mechanisch-linearen abgelöst wurde. (Die klassische Antike mit der aristotelischen Logik ist die erste große rationale Auseinandersetzung mit den magischen Praktiken. Diese Logik kann als Basis des »mechanischen Zeitalters« gelten, bevor dann Kybernetik, Relativitäts- und Systemtheorie das Zeitalter der Komplexität einläuteten.)

Magie versucht traditionell, die als übernatürlich angesehenen Kräfte, denen man sich ausgeliefert fühlt, durch Rituale, Beschwörungsformeln etc. zu beeinflussen und gnädig zu stimmen. Und heute scheint die ausgemachte Komplexität den Menschen wirklich zu überfordern. Er will offenbar gar keine Erklärung mehr, sondern sucht nach Rettung, nach Ausweg, Schutz und Schirm. Was sich vollzieht, ist die Kapitulation der Ratio und ihrer Werkzeuge – Denken, Verstand, Prüfung, Analyse, Logik, Erkenntnis – vor multiplen Mächten und Gewalten. Nicht nur das lineare Denken wird »überwunden«, sondern das Denken überhaupt.

LIEBER GLEICH BETEN UND GLAUBEN?

Allgemein-gesellschaftlich ist in den Hochburgen westlicher Säkularisation seit geraumer Zeit klar erkennbar, wie die Bedeutung spiritueller Bewegungen und Praktiken wächst. Da ist die Eso-Beratungsindustrie mit »Buddha für Manager in drei Minuten«, das sind die knallharten, religiös-fundamentalistischen Strömungen, da sind überhaupt Päpste und Gurus für alles und jeden. Literatur- und Fitnesspäpste, Koch- und Internet-Gurus. Auch in der Wirtschaft wird der Wettstreit großer Unternehmen, etwa von Microsoft und Apple, als Glaubenskrieg bezeichnet. Man ist Mac-Jünger oder Microsoftie. Neuerdings stoßen Facebook und Google in den Bereich der Unternehmensmythen vor. Sie »kämpfen um die digitale Seele der Menschheit«![29]

Im Bereich der Produktion von Waren offenbart sich der Mythenwahn im Retrotrend: Beetle und Cinquecento feiern ebenso Erfolge wie die Variationen der Handmade-Branche (mit Manufactum etc.). Produktshows werden wie Messen zelebriert; Kunden warten auf die Offenbarung von Neuerungen wie Jünger auf die Ausgießung des Heiligen Geistes. Verkauft wird nicht eine Funktionalität, sondern ein Heilsversprechen, welches das Produkt umgibt. Solcherart zu Kult-Produkten stilisiert, signalisieren sie den Käufern die Zugehörigkeit zu einem Kreis der Auserwählten und machen selig.

In diesen Zusammenhang fällt der fast schon dogmatische Glaube an die Weisheit der vielen, an die unbestechliche Wahrheit des Algorithmus. Dieses ehemals taugliche Instrument zur Ermittlung zum Beispiel eines passenden Marktpreises aus einer Vielzahl von Daten wird heute als eine Art höhere, orakelhafte Intelligenz anerkannt.

EIN VERDACHT LIEGT NAHE

»Das ist alles sehr komplex« – dieser Ausspruch ist heute nichts weniger als die Aufforderung zu glauben. Er bedeutet im Unternehmenskontext oft: »Es sprengt jetzt den Rahmen, das ganze Projekt ausführlich darzustellen; das alles ist in seiner Fülle und Verwickeltheit nicht voll zu erfassen; seien Sie froh, dass ich das für Sie so vorbereitet habe. Ich nehme Ihnen das Risiko ab.«

Mit dem Komplexitätshebel lässt sich jedes noch so schlüssige Argument entkräften, nach dem Motto: Na, wenn es so einfach wäre. Der bloße Hinweis darauf, dass nun alles wirklich ein wenig komplexer ist, kann Gesprächspartner zu Trivialtölpeln abstempeln.

Die Komplexitätsrede fördert also kein entsprechend komplexes systemisches Denken, sondern animiert dazu, das Denken lieber ganz sein zu lassen. Da liegt der Verdacht nahe, dass die Zusammenhänge manchmal vielleicht doch gar nicht so komplex, so undurchschaubar sind, wie sie dargestellt werden; sondern dass sie bewusst undurchschaubar gehalten, als Info-Dschungel inszeniert werden.

Zur Beruhigung: Es geht hier nicht um Verschwörungstheorien, mitunter aber um den Tatbestand der »Beleidigung der menschlichen Intelligenz«. Denn nichts anderes liegt vor, wenn mit dem Verweis auf die Komplexität der Welt im Allgemeinen und der Wirtschaft im Besonderen das selbstständige Denken als altmodisch gebrandmarkt und das gläubige Mitmachen als innovativ gerühmt wird.

EINFACH BEEINDRUCKEND. BEEINDRUCKEND EINFACH

Der Glaube ist ein großer Vereinfacher. Eine Orientierung. Und Mythen waren die ersten Wertestifter. Mit ihren großen Geschichten und Gestalten, den Dämonen und Göttern, erklärten sie die Welt und schufen Ordnung zwischen gut und böse, richtig und falsch, Himmel und Hölle. Heute scheint man sie »im Markt« wieder sehr zu brauchen, die großen Geschichten und Gesichter. Ohne sie lässt sich offenbar nichts mehr verkaufen. Ein Mann (der neue CEO) und eine Story (seine Vision für das Unternehmen) – das überzeugt die Börse, an der mit Heilshoffnungen und mit Verdammnisängsten gehandelt wird. Oder überzeugt eben nicht. Entscheidend sind die Analysten-Ratings, die Absolutionen aussprechen oder den Weg in die Vorhölle ebnen.

Jetzt könnte man einwenden, dass für den Verkauf unserer Produkte ein wenig überirdisches Getöse und kultischer Popanz doch nicht schaden kann. Aber der Kult-Betrieb läuft auch intern, in den Organisationen selbst, auf Hochtouren, und zwar an zentraler Stelle. Statt Berechnungen anzustellen und Strategien zu entwerfen werden in Unternehmen Liturgien zelebriert, die hauptsächlich eines vom Publikum verlangen: zu glauben und bloß nicht zu zweifeln.

GROSSER GOTT!

Das Design der bisweilen gigantomanisch anmutenden, meist einmal im Jahr stattfindenden Versammlungen des Konzern-Top-Zirkels, nicht selten 1000 Personen und mehr, ähnelt frappierend dem Aufbau einer katholischen Liturgie. Mit Rahmenzutaten wie Altar (Bühne), Fahnen, Schmuck, Musik (hohe Kunst) und einem bis ins Kleinste durchdesignten Ablauf, einer strengen Sitzordnung, die Aussagen über den Rang macht, und einer Schar von Messdienern.

Den Beginn bildet ein Wortgottesdienst inklusive Bußakt mit der Kernformel: »Hier müssen wir besser werden«. Es folgen Lesungen und das Evangelium, die sogenannten Hard Facts, Geschäftszahlen, zum Teil auch Benchmarks, Marktanteile und Prognosen. Diese nackten Zahlen-Daten-Fakten sind so auslegungsbedürftig wie alttestamentarische Texte, da meist nicht selbsterklärend, mitunter sogar widersprüchlich und zudem in einer fremden und spröden Sprache formuliert. Deswegen folgt direkt darauf die Predigt mit den Erläuterungen der Fakten, entweder vom Chef persönlich oder vom Chefstrategen. Die beinhaltet apokalyptische Drohszenarien oder Aufrufe zum entschlossenen Durchschreiten des Roten Meeres; manchmal auch ans Herz gehende Seligpreisungen des kleinen Mannes, der sich täglich für die Firma aufopfert. Auch Schilderungen des gelobten Landes sind in diesen Predigten beliebt, ebenso wie Beschwörungen, dass nach dem langen Marsch durch die Wüste die Marktführerschaft endlich erreicht sein wird.

Nach dieser langen Auslegung kommt das klassische Fürbittgebet an die Reihe. Zentrale Projekte des nächsten Jahres werden vorgestellt, meist von verdienten Managern aus der zweiten Reihe, abgeschlossen mit dem frommen Commitment-Wunsch: »Wir bitten Euch, erhöret uns.«

Damit ist der erste Teil der Liturgie, der Wortgottesdienst, zu Ende. Er ist manchmal erbauend, oft aber langatmig und vorhersehbar; umso schöner dann, wenn die Veranstaltung sich auf den emotionalen Höhepunkt zubewegt, auf die Inszenierung und Anbetung des Allerheiligsten. Das neue Produkt erscheint. In Liturgien der Autobranche röhren jetzt die Motoren des neuen Modells auf den Altar. In der Kommunikationsbranche erhebt sich die Gemeinde zum Bestaunen und Bejubeln einer neuen Handy-Applikation. Variationen von Hochgebet, Sanctus und Benedictus erklingen: »Gesegnet sei, das da kommt« – und wir nähern uns dem Ende der Veranstaltung in Form des Segens, der natürlich vom CEO persönlich gesprochen wird und im Ton immer versöhnlich und aufbauend ist: »Der Herr sei mit euch, sprich: ich bin bei euch. Gehet hin in Frieden.«

Dann ist Schluss. Jetzt ziehen die Event-Regisseure die Register zum ultimativen Finale. Eine einmalige Klang-Film-Tanz-Licht-Performance hüllt alle Beteiligten ein, bringt sie gemeinsam auf die Bühne. Menschen stehen auf, applaudieren, manche umarmen sich.

Anschließend geht es zu wie anno dazumal nach einem richtig festlichen Hochfeiertagsgottesdienst auf dem Dorf-Kirchplatz: Man ist steif vom vielen Sitzen und freut sich auf den Tratsch und Klatsch mit den Kollegen beim Frühschoppen im gegenüberliegden Wirtshaus. Es gibt ja auch eine Menge zu besprechen: Was heißt es, dass X neben Z saß und nicht V? Warum hatte Y eigentlich keinen Auftritt? Weil er letztes Jahr seinen Text nicht mehr richtig aufsagen konnte? Was ist von der Predigt zu halten? Nicht alle fanden sie gut, auch am Kirchenschmuck wird hie und da rumgemäkelt. Das macht aber nichts. Lästern dient der Gemeinschaftsbildung und befriedigt die eigene Souveränität – man wird sich ja doch durch das ganze Theater nicht einfach so einfangen lassen. Nur den Jungmanagern, die in diesem Jahr erstmals eingeladen waren, stehen Stolz und Ergriffenheit noch im Gesicht.

GLAUBE. LIEBE. HOFFNUNG

Was bedeutet es, wenn für die Verantwortungsträger einer Firma solche Veranstaltungen zelebriert werden? Was ist die Funktion einer Liturgie in ihrem angestammten kirchlichen Kontext? Sie hat eine doppelte Intention. Sie vermittelt die göttliche Heilszusage – durch Symbole und Zeichenhandlungen – und ist zugleich gläubige Antwort (Lob, Bitte, Dank) des Volkes auf die Segnungen Gottes. Das Besondere: In der Liturgie selber vollzieht sich die Erlösung. Liturgisches Handeln verändert und wirkt unmittelbar. (Was man von Strategiebeschlüssen nicht immer sagen kann.) Dass vieles mysteriös bleibt – zum Beispiel wie der Turnaround konkret geschafft werden soll – wäre bei der Diskussion eines Businessplans ein Manko, der liturgischen Feier tut das keinen Abbruch, im Gegenteil, sie speist sich aus dieser Aura des Mysteriösen und Numinosen. Die große Suggestionskraft, die zum Beispiel in der ganz alten Liturgieform, der tridentinischen Messfeier, liegt, schildert ein Theologe anschaulich: »An die Stelle von Inhalten und rationaler Auseinandersetzung trat die vieldeutige Sprache der Bilder und Symbole, die uns auf einer seelischen

Ebene überzeugt. Mir eröffnete sich eine Welt, die das Heilige in einer Überbetonung des Ästhetischen zu finden sucht. Eine Welt, in der Inhalte zweitrangig sind und in der man sich vorbehaltlos den Äußerlichkeiten des heiligen Scheins überlässt.«[30]

Die Millionen, die diese liturgischen Tagungen kosten, scheinen wohl investiert, denn es geht um nichts weniger als um: 1. Zuspruch von Heil (Glaube): der Glaube an das Produkt, an das Geschäftsmodell, an die Entscheidungen des Vorstands. 2. Bindung durch Zugehörigkeit (Liebe): Die Herstellung des Gefühls, mit so vielen anderen einen Verbund zu bilden, zusammenzugehören, ist essentiell in den fragmentierten Konzernwelten. 3. Trost durch Bändigung der Angst (Hoffnung): Denn das letzte Jahr über konnte einem die Angst schon mal ins Genick kriechen bei all dem, das schieflief, das man nicht verstanden, nur erduldet oder geschluckt hat. Gut, dass jemand einen Zauberspruch spricht und die Dämonen bannt.

»Glaube-Liebe-Hoffnung« also, die drei göttlichen Tugenden im Christentum. Sie »befähigen und ermutigen uns, das eigene Leben und das Leben in Gemeinschaft sinnvoll zu gestalten«.[31] Das sind die Bindemittel, auf die Firmen im Zeitalter der Komplexität zurückgreifen. So setzen sie Hoffnung und Vertrauen frei. Und fordern ebendieses auch ein.

TRUST IN LUHMANN!

In engem Zusammenhang mit dem Magie-Drift in Geschäftsbeziehungen steht jener Begriff, den Niklas Luhmann so definiert hat: Vertrauen ist die wirksamste Maßnahme zur Reduktion von Komplexität.[32] Allerdings ist zu unterscheiden, was im Englischen konsequenterweise zwei verschiedene Begriffe sind: »confidence« (Systemzutrauen) und »trust« (persönliches Vertrauen). Um Letzteres wird seit geraumer Zeit heftig geworben, bei den eigenen Mitarbeitern wie bei den Kunden. Dagegen wäre es dringend nötig, mehr vom Ersteren zu erzeugen.

Für »trust« braucht es persönliche Bindung und Beziehung. Gerade das, was in modernen differenzierten Gesellschaften nicht mehr so einfach hergestellt werden kann. Belastbare Beziehungen entstehen eben nicht durch Verlinkung, nicht in den nützlichen, aber auch schwachen Bindungen der sozialen Netzwerke, sie gedeihen nicht in permanent wechselnden Projektkonstellationen, sondern nur durch gemeinsames Erleben, durch Teilen von Risiko und Engagement, durch gegenseitiges Kennen und Einstehen. Hier kommt nun der Liturgie-Boom ins Spiel, die quasireligiöse Bindung als Ersatz für echtes Vertrauen, für echte Beziehungen. Der Gefühlsschmelz einer Gänsehaut-Pseudoliturgie oder die beruhigende Annahme, dass sich Millionen (von Usern) und die versammelte Konzernelite nicht irren werden, dass ich einer von ihnen und in dieser Masse auch geborgen und geschützt bin, führt zu vertrauensseligen Gefühlen der Zugehörigkeit und des blinden Vertrauens. Soll jedenfalls dazu führen. Für derlei wärmendes Feuer braucht es die beschriebenen mythischen und rituellen Zutaten. Das wird auch ganz offensiv gepredigt. Wer nur fest genug an das Heilige glaubt, dem wird es auch erscheinen. In der Tat: Glaube kann Berge versetzen. Aber ist dies ein tragendes, zukunftsfähiges Businessmodell?

MISSTRAUT DEN SHAREHOLDER SCHAMANEN!

Für »confidence« dagegen, das strukturelle Zutrauen ins Funktionieren von Systemen, Verträgen, Prozessen, eben das Vertrauen, das Luhmann meinte, dafür braucht es Ratio: Transparenz, checks and balances und Regeln, die jemand einfordert und die prinzipiell kontrolliert werden können. Die Historikerin Ute Frevert spricht davon, dass dieses Vertrauen eine notwendige und spezifisch moderne Erfindung unserer arbeitsteiligen Wirtschaft ist.[33] Die Verlässlichkeit eines Finanz- oder Rechtssystems ist essentiell wichtig dafür, dass wir Handel treiben können. Aber ein solches Systemvertrauen ist nicht zu verwechseln mit dem freundschaftlichen Vertrauen innerhalb einer gewachsenen Bindung. Mit einem Versicherungsvertreter oder Autoverkäufer verbindet uns erstmal gar nichts. Kein Glaube, keine Liebe, keine geteilte Hoffnung. Nur ein gegenseitiges Geschäft, abgeschlossen aufgrund rationaler Erwägungen zum gegenseitigen Vorteil.

Trotzdem wird nicht um unser strukturelles, sondern um unser persönliches Vertrauen gebuhlt, um »trust«. Das müsste misstrauisch machen – und macht es ja auch. Je weniger uns erklärt werden kann, warum wir uns für dieses Produkt oder diesen Weg entscheiden sollen, desto mehr braucht es anscheinend stimmungsvolle Rituale und Segenssprüche, die uns Heil und Gewissheit suggerieren.

Furchtbar sind die Konsequenzen, wenn das Heilsversprechen nicht gehalten wird. Das nehmen wir folgerichtig auch ganz »persönlich«: Plötzlich ist der Bankvertreter oder Manager ein Teufel und Verräter, der uns ins Unglück getrieben und unser gläubiges Vertrauen missbraucht hat. Wer an ein Geschäftsmodell oder an einen CEO »glaubt«, statt es oder ihn zu verstehen, zahlt in diesem Fall nicht einfach eine Rechnung, die vorab kalkuliert werden konnte, sondern – nachdem seine Seele verspekuliert, aber nicht erlöst wurde – mit der persönlichen Erschütterung über diesen emotionalen Missbrauch. Viel zu lange, so formuliert es der Kunstwissenschaftler und Essayist Jörg Scheller, »lebte man mit den Shareholder Schamanen in glücklicher Symbiose, lauschte ihren süßen Gesängen und stellte keine Fragen.«[34]

Fazit: Der Seufzer über die »Komplexität unserer modernen Welt« ist einem uralten Seufzer nicht unähnlich: »Gottes Wege sind unerforschlich«. Die biblische Antwort darauf lautet übrigens: »Komm, folge mir nach« (Mt 19,21). Das ist eine legitime Einladung. Ob diese Haltung bei unseren irdischen Geschäften angemessen ist? Dabei sollte der eigene Verstand die entscheidende Rolle spielen. Und nicht der smarte, faule Zauber von Gurus, eifrigen Messdienern und Pseudoliturgien. Denn nicht der Glaube an sich oder die Liturgie an ihrem angestammten Platz einer Religionsgemeinschaft ist zu kritisieren, sondern ihr Imitat zur Herstellung von Geschlossenheit und Erschleichung von Vertrauen.

Unter Umgehung des kritischen Denkens.

Diagnose 6:
LEISTUNGSVERNICHTUNG STATT LEISTUNGSVERDICHTUNG

Überprüft wird u.a.: was Leistung heute eigentlich ist (im Vergleich zu »Erfolg«); welche Auswirkungen quantitative Überforderung bei qualitativer Unterforderung hat; und wie die Potenzialeuphorie die Leistung ersetzt.

Weit verbreitet ist die Diagnose von der »Leistungsverdichtung«, die das zeitgenössische Arbeitsleben angeblich prägt und zu großen Leiden in der arbeitenden Bevölkerung führt. Gemeint ist jenes Phänomen, dass in einer bestimmten Zeit von weniger Leuten mehr geleistet wird. Ein Vorgang oder eine Tätigkeit soll also nicht mehr in drei Stunden und von zwei Personen bewältigt werden, sondern in zwei Stunden von einer Person. Was man im Rückschluss auch so lesen kann: Vorher haben zwei Personen drei Stunden lang eine Leistung erbracht, das macht insgesamt sechs Leistungsstunden; anschließend erbringt eine Person zwei Stunden ihre Leistung. Das bedeutet eine Leistungstilgung von insgesamt vier Stunden. Diese Leistung steht nicht mehr zur Verfügung. Es geht also nicht um eine Leistungsverdichtung, sondern um eine Anforderungsverdichtung. Arbeit mit mehr Tempo, weniger Personal, mehr Unübersichtlichkeit, mehr Druck. Ob mit der Anforderungsverdichtung auch mehr Leistung erbracht wird oder ob das eine Wunschvorstellung ist, lohnt eine genaue Untersuchung.

LEISTUNG ODER ERFOLG?

Was meint »Leistung« eigentlich? Die Tätigkeit, die Anstrengung, die verwendete Zeit, die Pflichterfüllung, die Lösung eines Problems, das Ergebnis? Steigen wir historisch ein: Im Unterschied zur Ständegesellschaft verspricht unsere sogenannte Leistungsgesellschaft heute, dass für die soziale und berufliche Positionierung – Aufstiege, Abstiege, Mobilität – die individuelle Leistung verantwortlich ist, und nicht mehr Rang, Name, Besitz. Diese Neu-Orientierung manifestierte sich endgültig gegen Mitte des 19. Jahrhunderts. Bereits seit der Renaissance hatten sich die Bestrebungen gemehrt, missliche Situationen wie die zu beheben, dass man einen unfähigen Kommandeur nicht entlassen konnte, weil ihm der Posten schlicht gehörte.[35] Auch lange danach konnten Offiziersstellen zwar noch gekauft oder vererbt werden, aber eben nicht mehr ausschließlich; langsam aber sicher wurde erwiesene Leistung ebenfalls zum Kriterium für Berufungen und Verdienst.

In der Mitte des 20. Jahrhunderts dann problematisierte der US-amerikanische Soziologe Richard K. Merton[36], dass sich unsere Gesellschaft zwar als Leistungsgesellschaft verstehe, tatsächlich aber inzwischen mehr den Erfolg als die Leistung honoriere. Gesellschaftliches Ziel sei der Erfolg, sei Reichtum, Ruhm, und interessanterweise führe das dafür vorgesehene Mittel – die Leistungserbringung – nicht immer zu diesem Ziel. Nur deswegen konnten und können sich beispielsweise auch »Anomien« bilden, Versuche, auf anderen, auch kriminellen Wegen zum Ziel, sprich zum Erfolg zu kommen. Merton ermöglichte mit seinen Untersuchungen und Thesen ganz neue Perspektiven auf sozial abweichendes Verhalten und auf die Definition von »Erfolg« und »Leistung«.

Heute scheint die von Merton beschriebene Entwicklung weiter vorangeschritten zu sein und der Übergang der Leistungs- in eine Erfolgsgesellschaft einen Höhepunkt erreicht zu haben. Der Fokus im Arbeitsleben liegt offenkundig auf dem Erfolg, also auf dem Ergebnis: »Wir bezahlen Sie nicht für acht Stunden Anwesenheit, sondern dafür, dass dabei etwas rauskommt« heißt die in diesem Sinne gut nachvollziehbare Parole.

Relevant ist es, Ziele zu erreichen oder zu übertreffen. Welche Mittel dafür eingesetzt werden, ist eher zweitrangig. Schweiß und Arbeit sind vielleicht nötig, genauso wichtig könnten Spürnase, Wagemut, Skrupellosigkeit, Glück oder Zufall sein. In der Finanzwirtschaft hat sich dieses Prinzip am konsequentesten, man könnte auch sagen brutalstmöglich durchgesetzt. Hier zählen nur die immer höheren Ziele bis hin zum höchsten: der genialen Geldvermehrung.

Wird also heute »Leistungsverdichtung« genannt, was eigentlich »Erfolgsverdichtung« heißen müsste?

ADIEU, SELBSTWIRKSAMKEIT

Es ist noch fataler. Nicht die Leistungssteigerungen oder größeren Erfolgsdichten sind es, die den Unternehmensmitarbeitern zu schaffen machen, sondern das Gegenteil: Dass sie den Eindruck haben, immer weniger zu leisten, dafür immer mehr zu schuften. Die schlimmste Zumutung ist, dass das Gefühl der Selbstwirksamkeit verschwindet.[37] Immer weniger gelingt. Auf Stückwerk statt Erfolge blickt der moderne Arbeiter am viel zitierten »Ende des Tages« zurück.

Die Selbstwirksamkeitserwartung (SWE), ein Konzept aus der Psychologie, das Albert Bandura in den 1980er-Jahren entwickelte,[38] besagt: Die Selbstwirksamkeitserfahrung eines Menschen kann größer oder kleiner sein. Sie ist entscheidend dafür, ob und wie sehr er sich anstrengt, wie groß seine Frustrationstoleranz ist, und – nicht selten als zirkuläre Folge – wie viele Ergebnisse er wirklich in der Lage ist zu erzielen.

Eine ungute Konstellation: In den Organisationen wird immer mehr Leistungsverdichtung gefordert – dabei erlebt der Einzelne, dass er immer weniger wirksam werden kann, also immer weniger »leistet«. Es drängt sich das Bild vom Bauern auf, der seinen Ochsen verprügelt, auf dass er schneller laufen möge. Der Ochse würde gerne, ist aber angekettet.

Woran liegt es denn, dass wir weniger Wirksamkeit erfahren, dass offenbar immer weniger Leistung, immer weniger Ergebnisse erbracht werden? Einerseits ist viel die Rede davon, dass man von Arbeitnehmern heute mehr verlangen darf und muss. Die Wissens- oder Innovationsgesellschaft erfordert mehr Wissen, eine höhere Flexibilität und größere Kompetenz. Gleichzeitig aber vollzieht sich ein Trend in die entgegengesetzte Richtung. Ein Mehr an Standardisierung vermehrt auch die Zahl von Arbeitsplätzen mit nur geringem Anspruch. Stupide Routinetätigkeiten führen vielerorts zu fachlicher Regression. So dürfen ehemals als Kunden-Berater eingesetzte Kräfte oft gar nicht mehr beraten, also einer durchaus anspruchsvollen Tätigkeit nachgehen, die einer Mischung aus kommunikativen, fachlichen und vertrieblichen Kompetenzen bedarf. Sie sind damit ausgelastet, Prospekte zu verteilen, Preis-Schilder aufzustellen, Präsentationen anzupassen und zu versenden, Telefon- und Mailing-Aktionen zu organisieren, Umsatzlisten zu pflegen und andere kompetenzfremde Tätigkeiten auszuführen, für die sie deutlich überqualifiziert sind. Auch das Leben der Kassiererinnen ändert sich. An den Kassen werden sie bald nicht mehr gebraucht, weil der Kunde seine Waren selber einscannt und per Karte bezahlt. Die ehemalige Kassiererin hat den Kunden nun bei diesem Prozedere zu unterstützen, wird aber dadurch als geringer qualifizierte und bezahlte Verkäuferin eingestuft, da sie keinen Umgang mit Geld mehr hat.

TUT WEH: QUANTITATIVE ÜBERFORDERUNG BEI QUALITATIVER UNTERFORDERUNG

Standardisierung steht immer in einem Spannungsverhältnis zu fachlicher Exzellenz. Auch die allumfassende Internationalisierung mit den dazu gehörenden sprachlich-kulturellen Barrieren führt zunächst einmal zu einer Niveauabsenkung, einer Verständigung auf dem kleinsten gemeinsamen Nenner. Filigrane sprachliche Differenzierungen: Fehlanzeige. In den Organisationen und Mitarbeiterköpfen bildet sich ein eigentümliches Konglomerat aus quantitativer Überforderung und qualitativer Unterforderung. Eine komplizierte Kundenanforderung wirklich erfassen und lösen zu können, dafür würden viele gerne ihre ganze Kompetenz und Kraft einsetzen, denn ihr Lohn wären Wert (weil Mehrwert geschaffen) und Wichtigkeit (weil das nicht jeder hingekriegt hätte). Aber diese anspruchsvolle Leistungserbringung ist oft nicht mehr vorgesehen, stattdessen werden Kunden auf Lösungen von der Stange umgeleitet und müssen ihre Anliegen in Telefonschleifen von Beratungshotlines selber brachial banalisieren.

Ein anderer Grund, warum Leistungen und fruchtbare Ergebnisse nicht entstehen: Die Herstellung der Arbeitsfähigkeit verschlingt mehr Zeit und Energie als die Leistungserbringung selber. Bis die Projektmitglieder festgelegt und die Bedingungen klar gezogen sind, bis die Zielstellung hinreichend definiert ist etc., braucht es mehr Nerven, Zeit und Anstrengung als für die Lösung selber. Nicht selten ist diese Phase eins der Vorbereitung so ermattend und ernüchternd, dass keine Luft und keine Lust mehr bleibt für Phase zwei, die sogenannte »eigentliche« Arbeit. Auch andere ineffiziente und paradoxe Prozesse machen »die Arbeit« immer öfter zu einer »mission impossible«. Weil sich zum Beispiel zwei verschiedene Change-Bewegungen kreuzen oder »ein Folgeprozess aufgesetzt« wurde, ohne dass der vorhergehende abschließend implementiert worden wäre. Verloren geht bei all dem der »Kohärenzsinn«[39], das, was den Menschen auch unter schwierigen Bedingungen gesund und handlungsfähig erhält: die Sinnhaftigkeit, Verstehbarkeit und das Gefühl der Handhabbarkeit einer Situation.

ÜBER DEN UNTERSCHIED VON TAUGLICH UND SPITZENMÄSSIG

Ein dritter Faktor für den Niedergang der Leistung offenbart sich beim Blick auf Hochleistungssportler. Viele vergleichen moderne Arbeit heute mit Leistungssport und sehen darin eine unerfreuliche Entwicklung, vor allem wegen der dauernden Höchstbelastung. Das organisational Unerfreuliche ist aber nicht die Tatsache, dass Höchstleistung gefordert wird, sondern dass wesentliche Prinzipien des Leistungssports im Arbeitsleben ignoriert werden bzw. fehlen. Nämlich solche, die es ermöglichen, Höchstleistung zu erbringen. Der signifikanteste Unterschied ist das Training. Der Alltag von Hochleistungssportlern besteht nun mal aus trainieren, trainieren, trainieren. 100 Eckbälle nacheinander. 1000 mal die Rückhand. 10.000 Rad-Kilometer. Immer wieder dieselben sechs Minuten der Eislaufkür. Der kluge und stets erfrischend interdisziplinär argumentierende Autor Malcolm Gladwell[40] spricht in diesem Zusammenhang von der 10.000-Stundenregel. Er kommt in seinem Buch über erfolgreiche Menschen zu der Erkenntnis, dass diese immer die Möglichkeit hatten, mindestens 10.000 Stunden zu üben, ob es sich um Eishockeystars oder Technikfreaks wie Bill Gates handelte. Dagegen wird in den Organisationen zwar munter das lebenslange Lernen gepredigt, echtes Lernen – im Sinne von üben, üben, üben und dabei Lernfortschritte machen – wird aber kaum ermöglicht.

Außer Spitzensportlern üben auch andere High-Performance-System-Mitglieder wie Feuerwehrmänner, Notärzte, Orchestermitglieder oder Cockpitbesatzungen (übrigens auch Eltern) ohne Unterlass, sodass sich hochdifferenzierte Automatismen bilden können und abrufbar sind, ohne dass dafür Energie aufgebracht werden müsste. Alle Aufmerksamkeit kann sich so im Moment des Tuns auf die aktuelle Situation richten. Nur spitzenmäßig Trainierte können dann, wenn es drauf ankommt, kreativ entscheiden, wie gespielt werden muss. Nur sie können einer Problem- oder Herausforderungssituation wirklich spitzenmäßig begegnen.

In den meisten Unternehmen geht dagegen operative Schnelligkeit und Alleskönnerei vor. Mal muss einer Geige spielen, mal Trompete, mal rechts außen, mal links außen. Nicht umsonst ist Flexibilität die Super-Basisbegabung schlechthin. Die allgemeine Trainingsfurcht und -feindlichkeit geht so weit, dass intensive Beschäftigung mit einem schwierigen Projekt oder Thema häufig als dysfunktional gilt. Kostet zu viel Zeit. Stattdessen lautet die Maxime: In der Welt der 1000 Optionen muss jeder allzeit bereit und für alles tauglich sein. Aber eben nur tauglich. Und nicht spitze. Es gibt – Anforderungsverdichtung hin, Flexibilisierung her – einen konstitutiven Zusammenhang zwischen der vollendeten Beherrschung einer Tätigkeit und dem langjährigen Training darin. Disziplinen-Hopping verhält sich deshalb umgekehrt proportional zur Höchstleistung. Richard Sennet spricht von »mentaler Mobilität«[41], die jedes tiefergehende Engagement verhindert. Sie kennzeichnet den Amateur.

Hinzu kommt, dass Leistungssportler, Künstler, High-Performance-Systeme nicht ohne direktes Feedback funktionieren. Ihre Leistung ist messbar, sie lässt sich individuell zuordnen, auch bei Mannschaftssportarten. Sie können Trainingsfortschritte, auf- und absteigende Tendenzen sofort erkennen. Nur so entsteht die in Betrieben vom Aussterben bedrohte Selbstwirksamkeitserfahrung.

DICHTES GEDRÄNGE VOR DEM POTENZIAL-TRICHTER

Eine Leistung verweist immer auf ein »Geleistetes«, auf eine Tätigkeit und ein Ergebnis im »Perfekt«. Heute herrscht gerade in den fortschrittlichsten Organisationen aber die Logik der Zukunft und ihres Potenzials, oder wie Richard Sennett es formuliert: die »Ideologie der Potenz«[42]. Passend zur Optionalisierung der Welt und der Wirtschaft konzentriert sich alles und jeder immer mehr auf die Frage, was aus diesem oder jenem werden könnte und ignoriert die Frage, was aus dem einen oder andern bereits geworden ist. Investoren verwenden zum Beispiel wesentlich mehr Zeit dafür, in Unternehmen nach nicht realisierten Wachstumspotenzialen zu fahnden als die Prozesse des Kerngeschäftes auf ihre Substanz und Güte hin zu prüfen. So geschieht es durchaus, dass ertragreiche Geschäftsfelder vernachlässigt werden (manchmal bis zum Untergang), um hochriskante, aber renditestärkere Geschäftsmodelle zu etablieren. Viele gescheiterte Fusionen haben in diesem Denken ihren Ausgangspunkt. Und viele leistungsstarke Bereiche sind darüber beinahe oder tatsächlich eingeknickt. Das kann man auch so bewerten: Konsumleidenschaft in Reinform – das Versprechen ist erotischer als die Erfahrung.

Was heißt das fürs Individuum im Unternehmen? Es geht um das attestierte Potenzial, in Zukunft eine wichtigere Rolle zu spielen. Im »System permanenter Bewährung«[43] ist die Potenzialsichtung und -definition der Trichter geworden, der die Potenten vom Rest des Feldes trennt. Potenzialerkennungen sind immer Methoden zur Aussonderung der Besten. Aber sie hinterlassen eben auch immer einen größeren »Rest« mit einem Malus-Zeichen auf der Stirn.

Vor dem Potenzial-Trichter herrschen nun tatsächlich das Gedrängel und die Dichte, die wir bei der Leistungsverdichtung vergeblich suchten. Für gut befunden werden wenige. Nicht weil nur wenige zu gebrauchen sind, sondern weil nur wenige gebraucht werden. Denn möglicherweise braucht die Wissensgesellschaft gerade in ihren »avanciertesten Bereichen der Hochfinanz, der modernen Technologie und der ausgeklügelten Dienstleistungen für ein profitables und effizientes Funktionieren ... nurmehr eine immer kleinere Elite«[44]. Während eine immer größere Zahl gut ausgebildeter und talentierter Menschen überflüssig wird. Oder in den standardisierbaren Billigbereichen unterkommen muss, wo ihre Kompetenzen weder genutzt noch entgolten werden.

SO KLINGT HEUTE EIN TODESURTEIL: »IHNEN FEHLT DAS POTENZIAL«

Es ist eine große Verschiebung im Gange: die von der Leistungserbringung zur Fähigkeitsvermutung. Und dabei ist besonders interessant und bedenklich, dass der Einzelne zwar Leistung selber liefern und nachweisen kann, Fähigkeit aber muss ihm von außen, von anderen, von oben zugesprochen werden. Auch hier lassen sich also weniger Selbstwirksamkeit und mehr Ausgeliefertsein an die tagesaktuellen Zukunftsvermutungen der Organisationen feststellen.

Konkreter: Ein Arbeitsprodukt wie das Gesellen- und Meisterstück als Ur-Manifestation von Geleistetem ist immer konkret. Eine Fähigkeitszuschreibung für die Zukunft ist notwendig unkonkret, wenn nicht diffus. Variantenreich sind deshalb auch die Versuche, diese Fähigkeitspotenziale aus den Individuen herauszuarbeiten. So pflegt Stephan Jansen, Gründer und Präsident der Zeppelin University (ZU) Friedrichshafen, den Studienplatz-Bewerbern an seinem Innovations-Campus zwölf »nicht-wissbare Fragen« zu stellen, die jene alle in einem Satz beantworten müssen. Nach den Antworten wählen die Professoren aus, mit welchen

Kandidaten sie sich am liebsten auseinandersetzen wollen. Jansen nennt das ein komplett subjektiviertes und damit ehrliches Verfahren. »Es räumt mit den Voodoo-artigen Vermutungen auf, dass man objektiviert Talente messen kann«[45]. Drei Gesellenstücke lassen sich anhand bestimmter Kriterien vergleichen – dagegen ist ein Talent immer etwas »Mutmaßliches«, das heißt, es ist weniger eine Sache des Messens als vielmehr des Mutes: Hoffentlich haben wir nicht daneben getippt. Jansen hat recht. Eine nachweisbare, objektivierbare Korrelation zwischen Fähigkeitszuschreibung und anschließender Performance, um einmal diese Hoffnungsvokabel zu benutzen, ist bislang noch nicht gefunden worden.

Die Potenzialerkundung ist kontextlos. Prozess und Inhalt sind getrennt. Bei nicht-wissbaren Fragen kommt es auf die Denkbewegung an, nicht auf den genauen Inhalt oder die sinnlich konkret erfassbare Problematik. Genau so muss in Innovationsbranchen vermehrt gearbeitet werden: kontextvariabel, un-abhängig von konkreten Erfahrungen. In flüchtigen Konstellationen denk- und handlungsfähig zu bleiben, ist in vielen Fällen von entscheidendem Vorteil gegenüber der Haltung, sich auf das in der Vergangenheit Erfahrene und Gelernte zu beziehen. »Sich in nicht-entscheidbaren, paradoxen, unsicheren Terrains zu bewegen, in denen man genau deswegen entscheiden muss. Genau dafür wird man als Manager bezahlt, genau daraufhin wird man beobachtet.«[46] Meint Stephan Jansen.

Urteile über ein Fähigkeitspotenzial sind extrem auf eine Person bezogen. Eine Leistung dagegen ist eine Kombination aus dem Ich und den Umständen. Sie setzt sich aus individuellen Elementen wie aus sozialen, ökonomischen Bedingungen und Zufällen zusammen. Insofern ist ein Urteil über ein Fähigkeitspotenzial das persönlichere und kann viel heftiger treffen als jede Leistungsbewertung das vermag. »Ihnen fehlt das Potenzial« ist deutlich verletzender als die Feststellung »Sie haben es vermasselt«.[47]

Nur die, denen Potenzial zugeschrieben wird, kommen als Einzelne in den Blick, der große Rest verschwindet in der Masse der Chancenlosen.

EIN VORSCHLAG ZUR GÜTE

Die Situation ist also paradox. Die Arbeit ist so anstrengend geworden, weil und seit der Einzelne so wenig leistet. Die Kluft zwischen Anspruch und Wirksamkeit vergrößert sich und belastet, weil sie sich individuell nicht schließen lässt, aber individuell ausgehalten werden muss. Und: Die Diskussion um die Verdichtung, sei es nun die der Anforderung oder die der Leistung, bleibt am Quantum kleben. Es geht um »mehr als vorher«, ganz selten um »anders als vorher«. Das führt folgerichtig zu quantitativen Rezepturen, zu mehr Anstrengung, mehr Zeitinvest bis hin zur Rundum-die-Uhr-Bereitschaft. Auch die Gegenwehr bleibt übrigens quantitativ ausgerichtet. »Work-life-balance«-Anstrengungen versuchen in der Regel, den »work-Anteil« zeitlich zu begrenzen. So geraten »work« und »life« in eine absonderliche Konfrontationsstellung, kämpfen um Zeitkontingente und versuchen, den Feind jeweils nicht über eine bestimmte Demarkationslinie vordringen zu lassen. Ein Kampf, der die Feindschaft immer weiter vertieft. Auf der Strecke bleibt die Qualität sowohl des Lebens wie der Arbeitsleistung.

Eine Änderung der Denkrichtung hin zur Qualität könnte aus der unglücklichen Dichotomie führen; der Begriff dazu hieße »Leistungsgüte«. Denn wo die Leistungsgüte – also die Qualität der Leistung und des Ergebnisses – steigt, steigt auch die »work-life-Freude«.

Diagnose 7:
VERWAHRLOSUNG AUF HÖCHSTEM NIVEAU

Überprüft wird u.a.: warum die handelnden und entscheidenden Individuen in den Unternehmen funktional Beschädigte sind; wie weit die soziale Verwahrlosung bei sogenannten Top-Leuten wirklich geht; und warum manchmal der Blick auf Rothirschrudel hilft.

Es mangele heute grundsätzlich an Moral.[48] Die Gier der Manager, die Amoralität der Mächtigen, der Größenwahn Einzelner etc. seien schuld an den Verwerfungen der Arbeitswelt. Das hört man inzwischen vermehrt. Und das ist ein Irrtum, weil zu kurz, zu individualistisch gedacht. Wenn wir schon auf jene handelnden Individuen schauen, die angeblich für die ganze organisationale Misere verantwortlich sind, dann ist eine Weitwinkelperspektive nötig: Die handelnden und entscheidenden Individuen in den Organisationen sind nämlich funktional Beschädigte. Sie werden nach oben gespült, weil sie funktional, also gebrauchstauglich für das System sind. Das System braucht sie und spuckt sie wieder aus, wenn sie nicht mehr funktional sind. Sie erleiden innerhalb ihrer Karriere eine beruflich bedingte Missbildung, eine »déformation professionelle« (ein Begriff, den Hannah Arendt in Deutschland eingeführt hat). Für diese mitgebrachte oder erworbene Schädigung lassen sie sich in der Regel ordentlich entschädigen.

DER FINANZMARKT IST KEIN PUPPENSPIEL

Organisationales Verhalten ist nicht in erster Linie auf die Attribute und Persönlichkeitsmerkmale von Einzelnen zurückzuführen. Das hilfreichere systemische Axiom dazu lautet: Die Stellung von Einzelnen im System führt zu einem bestimmten Verhalten. Wer zum Beispiel schon einmal vom Headquarter in eine abgelegene und womöglich kulturell völlig anders geartete Region oder zurück gewechselt ist, kennt die Perspektivveränderung, die damit einhergeht. Was man kurz zuvor im Headquarter als kreativ und strategietauglich ersonnen hat, wird in der regionalen Funktion zum Ärgernis. Auch Köpfe einfach auszutauschen, bringt in solchen Konstellationen vielfach keinerlei Änderung, weil es der Ort oder die Stelle im System sind, die eine bestimmte Person so handeln lassen, nicht ihre persönlichen Eigenarten.

Eine Organisation samt ihren Individuen ist immer mit einer Gauß'schen Normalverteilung[49] an Intelligenz, Gutmütigkeit, Engagement, Korruptheit, Gier und Skrupel gesegnet und geschlagen. Die Organisation ist so gut, wie sie diese Normalverteilung zu nutzen weiß. Interessanter als auf einzelne gierige oder schmierige Persönlichkeiten zu schauen, ist zu betrachten, welcher spezielle Typus aus der Gauß'schen Kurve es schafft, innerhalb einer Organisation oder gar einer Branche Karriere zu machen. Wir sprechen hier also über branchen- und zeitspezifische Phänomene, die mehr über den Wertekanon des Systems aussagen als über den des Einzelnen. Ein bestimmtes Umfeld will und fördert zum Beispiel eine spezielle Art skrupelloser Alphatiere, weil es etwas davon hat. Ein bestimmtes Spiel zieht bestimmte Spielertypen an. Man kann dann nicht das Spiel und seine Regeln und Faktoren unangetastet lassen, aber von den Spielern verlangen, sich systemfremd, moralisch korrekt, also selbstschädigend zu verhalten. Der Finanzmarkt ist kein Puppenhaus. Wickeln geht anders als wetten oder wildern.

Wagen wir noch einmal einen Seitenblick auf das Gesamtsystem Fußball. »Der Fußball-Fan«, also nicht der Star-Protagonist, sondern der Repräsentant des Systems, so heißt es in einem Dossier über einen erstklassigen Fußballclub,[50] »ist ein Gefangener seiner Illusionen (...). Unentwegt hofft er auf die Meisterschaft, und deswegen ist er auf romantische Weise korrupt«. Er akzeptiert den gnadenlosesten Menschenschinder als Trainer und die egoistischsten Spielerdiven, wenn sie ihm die Meisterschaft holen. Verlieren sie aber überdurchschnittlich viel, dann beschimpft er sie. Die Spieler sind »Scheiß-Millionäre« und der Trainer muss, weil er sich als miserable Führungsfigur bewiesen hat, »raus«! Die offizielle Erklärung für solche »Freistellungen« lautet dann oft: Der Trainer findet keinen Zugang mehr zu seinen Spielern. Ob er den vorher je hatte, vielleicht aufgrund seiner überragenden empathischen Fähigkeiten oder einfach mittels Gewalt alter Schule, ist irrelevant. Was für den Fan zählt, war und ist die Erfolgsillusion.

Der Fan wird also, »wenn es mal nicht so rund läuft«, auf romantische wie verzweifelte Art moralisch. So wie nach der großen Finanzkrise ihre Protagonisten in den Bankvorständen moralisch von den vielen Stadionbesuchern respektive Kunden verurteilt werden. Ganz einfach, ganz romantisch.

KURZE EXKURSION IN DEN WALD

Rothirsche leben in unterschiedlichen Rudelverbänden: Es gibt das Kahlwildrudel, das sich aus weiblichen Tieren, den Hirschkühen, und aus Jungtieren, den Kälbern, sowie dem einen oder anderen Schmalspießer zusammensetzt. Angeführt wird dieses Rudel von der ältesten, erfahrensten und gesunden Hirschkuh, dem Leittier. Das ist plausibel, denn die Jungen müssen geschützt, die besten

Routen und Futterstellen gefunden werden. Erfahrung und Vorsicht sind also funktional für das System.

Das andere Rudel, bestehend aus den erwachsenen männlichen Hirschen, führt aber der jüngste und unerfahrenste Hirsch an. Er geht bei der Nahrungssuche und -aufnahme als Erster aus der Deckung. Auch das ist funktional, denn aus der Deckung gehen bedeutet, in die Gefahr zu gehen. Es sind immer die jüngsten Hirsche, die sich das meiste zutrauen, sie können – anders als ihre älteren Kollegen – die Risiken noch nicht einschätzen. Mit ihrem naiven Wagemut leisten sie einen wichtigen Beitrag für das ganze Rudel. Hat nämlich der junge Hirsch Pech, wird er erschossen, wenn er die Deckung verlässt. Damit sind aber die anderen gewarnt und können fliehen. Es ist – evolutionsperspektivisch – kein großer Verlust eingetreten. Der jüngste Hirsch war eh der am wenigsten wertvolle, weil dumm und mager. Hat der Junghirsch Glück und überlebt das Aus-der-Deckung-Kommen, wird er ein Jahr später seinerseits den Jüngeren den Vortritt lassen. Er lernt, wenn auch mit Verzögerung[51]. In Führungspositionen gelangt man also wegen der Funktionalität. Nicht nur im Rothirschsystem.

DIE DESINTEGRIERTEN

Wir hatten eingangs bereits behauptet, dass Manager, Mächtige und Entscheider mit spezifischen Sonderbegabungen oder exakter: mit funktionsadäquaten Schädigungen ausgestattet sind. Was heißt das konkret?

Als idealtypische Eigenschaften für Chefs in der Wirtschafts- und Finanzwelt gelten bedingungslose Fokussierung, höchste Professionalität, härteste Disziplin, kompetitive Gnadenlosigkeit, exorbitante Arbeitswut, dazu Intelligenz, Raffinesse, List, Risikobereitschaft und natürlich mentale Autonomie, gut gefüllte Adrenalinkammern und körperliche Robustheit. »Es sind Männer (keine Weiber!)«, formuliert Werner Sombart schon um 1900, »ausgerüstet vor allem mit einer außergewöhnlichen Vitalität, aus der ein übernormaler Betätigungsdrang, eine leidenschaftliche Freude an der Arbeit, eine unbändige Lust zur Macht hervorquellen.« Das Attraktive an der Marktwirtschaft, sozusagen die Fan-Illusion des Kapitalismus ist eben, dass jeder den »Traum und Wille(n), ein privates Reich zu gründen«, haben darf (Joseph Schumpeter).⁵² Ohne Rücksicht auf Verluste, möchte man ergänzen.

Das lenkt den Blick auf eine Grundbeschädigung dieser Spezies der Megachefs und Hypertypen; eine Beschädigung, die ihnen überhaupt erst hilft, ihre Funktion im Super-System Marktwirtschaft und im Subsystem ihres Unternehmens so perfekt zu erfüllen. Es ist ihre Desintegration. Sie sind in mehrfacher Hinsicht abgespalten und getrennt, nämlich:
- getrennt von sich selber (Armut),
- getrennt von anderen (Arroganz),
- getrennt von der Realität (Ausblendung).

GETRENNT VON DER REALITÄT: DIE TUNNELBLICKER

Getrenntsein von der Realität heißt, auf gewisse und gewissenlose Weise rücksichtslos sein zu können gegenüber dem Gegebenen, dem Umfeld, den Konkurrenten, Partnern, Mitarbeitern. Ohne die zumindest zeitweise oder anteilige Ausblendung von Gefahren und Hindernissen lässt sich nun mal nichts Grandioses ansteuern oder umsetzen. Die Rücksicht behindert, macht Skrupel und relativiert im ureigentlichen Sinn. Sie setzt das Vorhaben in Relation zu anderen und anderem. Das Gegenteil von relativ ist absolut. Der absolute, der un-bedingte Wille, etwas zu schaffen, koste es, was es wolle. Der Jäger sieht nur noch die Beute. Auch der Jongleur im Zirkus spaltet sich ab und fokussiert tunnelblickmäßig die kreisenden Teller auf der Spitze seiner Stäbe. Würde er ins Publikum schauen, fielen die Teller zu Boden. Nur die unbedingte Konzentration kann die Realität der Schwerkraft für eine Weile besiegen. Auch Ikarus, Kolumbus, Hannibal oder Regisseure wie Werner Herzog sind Tunnelblickmeister. Ohne eingebautes Desintegrationsgen würde Ikarus niemals losfliegen, Kolumbus nicht lossegeln, Hannibal nicht losziehen – und Fitzcarraldo würde nie gedreht.

GETRENNT VON ANDEREN: DIE VERWAHRLOSTEN

Getrenntsein von anderen heißt: Ab einer bestimmten Machtposition ist man ohnehin allein, umgeben nur von devoten Günstlingen und Feinden. Weit und breit kein Vertrauter auf der berühmtberüchtigten Augenhöhe. Diese Isolation muss man aushalten, besser noch mögen. Man darf an feinnervigen Beziehungsgeschehnissen minderinteressiert und darin minderkompetent sein.

Dieter Claessen[53], der anerkannte, inzwischen verstorbene Berliner Anthropologe und Soziologe hat in seinen Forschungen über die urmenschliche Horde eine interessante Verbindung hergestellt zwischen der frühmenschlichen Jagdtätigkeit der Männer und der damit einhergehenden »Verwahrlosungshaltung«[54]. Die Männer waren nur peripher in fürsorgende Tätigkeiten wie die Kinderaufzucht eingespannt. Ihre Ressorts waren die Werkzeugherstellung und die Jagd. Letztere bot ihnen nach Claessen gern genutzte Möglichkeiten einer Selbstverwirklichung, die ihrer Verwahrlosungsbereitschaft entgegenkam. Sie konnten herumstreunen, jagen, töten – unbehelligt von Rücksichten auf die Schwachen daheim. »Sie strebten mit ihrer Jagd auch das vorübergehende Abschütteln von gesellschaftlichen Pflichten, von familiärer Verantwortung an«. Claessen skizziert einleuchtend, wie das Vorausplanen der Jagd und das notwendige modellhafte Entwickeln von möglichen Vorgehensweisen die Abspaltung vom Konkreten verstärkte. »Das alles übersteigt den Aktionsrahmen des Alltags bereits erheblich, ist insofern abstrakt«, auch die Vorstellung von Beute ist vorerst nur Vorstellung, einzig »die Konkretheit der Waffenfrage (ist) sinnlich vermittelt«[55].

Abgespalten von den Gesprächen einer Gemeinschaft, vom sozialen Austausch und der konkreten Pflicht zur gegenseitigen Fürsorge, wächst und perfektioniert sich eine spezielle Kompetenz: die technische und abstrakte (vom Konkreten sich entfernende) Fokussierung, die auch heute in den Verdrängungskriegen der modernen Konzerne hervorragend tauglich ist. »Es brauchen nun bloß anstelle zu bekämpfender Tiere Menschen, ›fremde‹ Menschen (oder Wettbewerber) zu treten, damit das Schema ›Großjagd‹ einrasten kann in das Schema ›Krieg‹ (um Marktanteile).«[56]

Nicht von ungefähr also haben die brillanten Protagonisten der freien Marktwildbahn keine Lust und wenig Kompetenz, interne Führung wahrzunehmen, wenn sie vom Krieg da draußen nach Hause in die Organisation kommen. Denn das hieße ganz konkret, pflegerische, personal-entwicklerische und im weitesten Sinne kooperative und diskursive Tätigkeiten aufzunehmen, die auf Langfristigkeit angelegt sind und Beziehungsarbeit erfordern. Dass es in den Zentralen und Schaltstellen der Organisationen stattdessen eher ungehobelt und laut oder kalt und unpersönlich oder zynisch und zotig zugeht, ist angesichts der angelegten und tradierten Verwahrlosungshaltung nur folgerichtig.

Die ab-norme Arroganz dient der sozialen Abspaltung und Abwertung. Sie ist konstitutiv für diejenigen, die in diesem Krieg die besten Jagderfolge aufzuweisen haben. Sie moralisch anzumahnen ist absolut sinnlos.

GETRENNT VON SICH: DIE EMOTIONAL ERBÄRMLICHEN

Getrenntsein von sich selbst heißt: Viele sogenannte Top-Führungskräfte sind nicht in der Lage, seelische Verletzungen wahrzunehmen, weder bei sich noch bei anderen. Sie lassen die Betroffenen hilflos im emotionalen Brachland zurück – dort, wo Gewaltausbrüche oder mühsam beherrschte Kälte gedeihen. Auch körperlich kennen diese Krieger keinen Schmerz und gehen gern über ihre Belastungsgrenzen hinaus. Ihre oberflächlich gute Konstitution nehmen sie als Beweis dafür, wie gut sie ihre Körpermaschine beherrschen. Schwache bis mittelschwere Fehlfunktionssignale wie Schwitzen, Herzrasen, Zittern, Atemnot, Rückenschmerzen nehmen sie nicht ernst. Auch wenn sie schon lange nicht mehr als vier Stunden pro Nacht schlafen – »im Job« funktionieren sie perfekt.

Vor dem Hintergrund dieser existentiellen Desintegration ist auch zu verstehen, dass der Blick auf die andere Seite der Persönlichkeitskluft, auf den Zweifel, die Alternative und die Angst, so schwer fällt – und funktional so gefährlich ist. Wer diesen Blick wagt, wer sich seinen Ängsten stellt, dem droht der Verlust der Fokussierung auf Erfolg. Und damit der Absturz.

Wenn das System der Organisation einen scheinbar perfekten Führungsmaschinenmenschen dann an einer bestimmten Stelle zu einem bestimmten Zeitpunkt doch attackiert oder gar ausstößt, wird das ganze Maß des Selbstwahrnehmungsproblems offenkundig. Ein fragiles Selbstwertgefühl (die Kehrseite des Narzissmus) verbindet sich mit der nackten Angst, ein Loser zu sein. Und Loser, das sind die Typen, über die man früher Zynismussalven ausgegossen hat, um sich etwas vom eigenen Stress zu erholen und die Zugehörigkeit zur Gruppe der Topleute zu sichern.[57] Loser und Weichlinge lässt man fallen.

Die Erkenntnis, möglicherweise einem solchen Schicksal anheimzufallen, führt zu massiven, ja existentiellen Erschütterungen.

ENTSCHÄDIGUNG FÜR DIE GESCHÄDIGTEN

Gehen wir davon aus, dass es nicht nur Naturbegabungen, also Frühgeschädigte, in diese Szene der machtvollen Entscheider schaffen. Dann muss es auch solche geben, die im Laufe ihrer Karriere erst leidvoll die vielfältige Desintegration, die Trennung von sich, von anderen, von großen Stücken der Realität lernen. Wie lernen sie das? Wie werden sie professionell deformiert?

Einen Aspekt dieses Lernprozesses kennen wir vom Spitzensport sehr gut. Das Training immer derselben Körper- oder Mentalfunktionen ruft spezielle Krankheiten hervor, bedingt durch die übermäßige und einseitige Belastung bestimmter Körperteile. Der »Tennisarm« ist so eine Beschädigung.

Ein weiterer Aspekt: Die Führungskraftformung geschieht zu großen Teilen über Demütigungen, im Grunde so, wie verwahrloste Jugendliche in marodierenden Banden sich ihre Jungen heranziehen. Über Mutproben, Lächerlichgemachtwerden, Unterwerfungen. Immer und immer wieder das gleiche Spiel von Reiz, Risiko, Reaktion, Lust und Wille. Und immer um den Preis dazuzugehören, zu überleben, das Spiel eines Tages selber zu bestimmen und »es« mit anderen ebenso machen zu können wie »es« mit einem gemacht wurde.

Wer so viel durchmacht und aushält, der hat sich natürlich auch etwas verdient. Die Schädigungen, die mitgebrachten und die erworbenen, verlangen nach Ent-Schädigung. Der Anspruch mit der Formel »das hab ich mir jetzt verdient« richtet sich dabei nicht nur auf Monetäres, sondern zum Beispiel auch auf eine ganz spezielle Service-Exzellenz. Fehlt es da nach Meinung der Geschädigten mal an einem Detail, dann geschieht, was nicht nur unpünktliche Taxifahrer, sondern quasi jeder Angestellte besserer Hotels schon kennengelernt hat: Unter der stramm gespannten Chef-Oberfläche brechen die Tobsüchte anfallartig heraus. Kränkend, beleidigend, entwürdigend, oft absolut unverhältnismäßig sind solche Ausbrüche – aber natürlich nur aus der Perspektive tendenziell sozial gesunder Normalos. Die Dienstleister bekommen ab, was nichts mit ihnen oder ihrem Service zu tun hat – und ertragen das oft ziemlich souverän und professionell. Denn sie können sich – im Unterschied zu ihren Beleidigern – qua Position nicht außerhalb der zwischenmenschlichen Regeln stellen.

SUCHT

Eine andere, weit verbreitete Form der Eskalation von sozialer Verwahrlosung fängt mit einem Gläschen guten Rotwein an. Und hört mit einer Flasche oder zwei oder drei auf. Irgendwann hat die Feinalkoholzufuhr allerdings nichts mehr mit Entschädigung, Belohnung oder Entspannung zu tun, sondern Sucht hat das abgelöst, worüber man sich früher gefreut hat. Die Gitarrenführungskraft Keith Richards berichtet in ihrer Autobiografie »Life« davon, dass den Rolling Stones in ihrer Frühzeit das Heroin geholfen habe, ohne Schlaf auszukommen und bis zu neun Tage am Stück aufzutreten, Stücke zu schreiben, zu proben – und sich als die ultimativ Größten zu empfinden. Auch von diesem Adrenalinkick ist man längst abhängig; er ermöglicht erst den nächsten Beutezug.

Alles in allem lässt sich weniger ein individuelles moralisches Versagen der Mächtigen, Entscheider, Vorstände etc. diagnostizieren, sondern vielmehr eine spezifische soziale Verwahrlosung derselben. Sie ist im geschilderten Kontext funktionales, also erfolgreiches Verhalten. Moralische Kategorien verhalten sich dazu indifferent. Und moralische Appelle müssen notwendig verhallen.

Ob die Deformationen mildernde Umstände rechtfertigen oder gar verminderte Schuldfähigkeit konstatiert werden sollte, ist aber eine andere Frage.

Teil 3:
THERAPIEN

Dale Cooper, Special Agent des FBI, ist mit einem vertrackten, komplexen Mordfall in einer amerikanischen Kleinstadt beschäftigt. Da erscheint ihm in einer Vision ein Riese und übermittelt eine Botschaft: »Die Eulen sind nicht, was sie scheinen.« »Zunächst völlig unverständlich, also bar einer Bedeutung, entwickelt sich die Formulierung zu einer Art Zen Koan[58] für Cooper, der bei seiner Arbeit (...) auf immer neue Geheimnisse stößt, die die Komplexität seiner Beobachtung stetig steigern und eine anfangs monokausale Motivation für die Beobachtung (das Kapitalverbrechen Mord) immer mehr Ansatzpunkte in unterschiedlichsten Umwelten des Ausgangssystems findet.«[59]

Auf den Organisationskontext übertragen, heißt das: Je mehr und intensiver wir das heutige Arbeiten und Wirtschaften unter die Lupe nehmen, desto komplexer, wahlweise unverständlicher oder verrückter wird das, was da zum Vorschein kommt. Es gibt nicht den einen Stellhebel, das eine Erklärungsmuster, die eine Lösung der Komplexitätsmisere. Mal erscheint etwas als fatal, das sich ein andermal als wichtig oder notwendig erweist. Und umgekehrt.

Es gibt auch nicht den oder die Schuldigen, also einen Haupterreger, der nur operativ entfernt oder medikamentös unschädlich gemacht werden müsste, um die organisationale Lage zu verbessern. Es hilft nichts, wir müssen diese wirre Wirklichkeit, in der wir auch noch mittendrin stecken, erst einmal anerkennen. Wie aber gehen wir dann damit um, dass vieles schmerzt, zu vieles sinnlos scheint, nicht vieles oder zu weniges gelingt? Was tun die, die nicht fatalistisch oder zynisch werden, aber auch nicht einfach weitermachen wollen, als gäbe es die Zweifel und Verluste nicht? Gibt es Hilfe oder sogar ernst zu nehmende Therapien?

Ein Therapeut [altgr. therapeutés] ist ursprünglich »der Diener, der Aufwartende, der Wärter, der Pfleger«. Aber auch »der Weggefährte, der Wagen- und Waffengefährte«. Wenn griechische Krieger auf den Wagen sprangen, die Zügel der Pferde schnappten und die Waffe bereit hielten, um in den Krieg zu ziehen, riefen sie zuvor ihren therapeutes, für den hinten am Wagen eine erhöhte Plattform eingerichtet war. Der Wagengefährte schwang sich auf diese erhöhte Position, musste sich gut am Wagen festhalten und auf seine Aufgabe konzentrieren: Er hatte den Krieger und sein Umfeld genau zu beobachten, den Überblick über die Umgebung zu bewahren und seine Beobachtungen (Wetter, das Blitzen von Waffen, Zusammenrottungen, natürliche Hindernisse etc.) an den Krieger rückzumelden.

Die in diesem Teil vorgestellten Denker und Gewährsleute sind Therapeuten in diesem Sinne. Sie lenken nicht selber Konzerne, sie kämpfen nicht mit den Waffen des Turbokapitalismus, auch nicht mit denen der Moral. Sie beobachten von einer erhöhten Plattform aus. Deswegen schauen sie anders und sehen anderes. Das kann uns – die wir im täglichen Arbeitsgetümmel bisweilen den Durchblick verlieren – auf neue Gedanken bringen und auf neue Wege führen.

C G. Jung sagte, »dass die größten und wichtigsten Lebensprobleme im Grunde genommen alle unlösbar sind (...). Sie können nie gelöst, sondern nur überwachsen werden. (...) Dieses Überwachsen (...) stellte sich bei weiterer Erfahrung als eine Niveauerhöhung des Bewusstseins heraus.«[60] Das ist ein zunächst geistiger Vorgang: sehen, überblicken, die Lage neu beurteilen, Schlussfolgerungen ziehen. Denken. Nach dem Denken folgt allerdings ein konkretes, praktisches, physisches Handeln. Therapien sind ja »Be-Handlungen«. Es sind Maßnahmen bei Krankheiten, Verletzungen und allerlei unerwünschten Zuständen. Ziel ist die Heilung oder Linderung von Schmerzen und ganz allgemein die Wiederherstellung der körperlichen, geistigen oder psychischen Funktionen. Diese Wiederherstellung ist nötig, weil wir es vermutlich nicht schaffen werden, einen sinnvollen Beitrag zu leisten (wo auch immer), solange wir lädiert oder verwirrt sind.

In der Regel gibt es verschiedene Therapieoptionen, das heißt Möglichkeiten, wie man vorgehen kann. Auch die im Folgenden vorgestellten Ansätze sind verschieden und stehen erst einmal nebeneinander. Die Liste ist nicht vollständig; kein Ansatz ist »richtig« oder besser als der andere. In jedem Fall aber ermöglichen diese Therapien und Therapeuten Öffnungen aus organisationalen Sackgassen. Sie helfen dabei, den Verstand nicht zu verlieren, indem man ihn gebraucht. Und zwar anders als bisher.

Therapie 1:
DISKRET WIRKEN

Empfohlen wird u.a.: Macht nicht mit Wirksamkeit zu verwechseln, Diskretion sehr ernst zu nehmen, das Situationspotential zu nutzen und das Wurzel-Denken zu aktivieren.

Wie erreiche ich Wirkung? Eine Kardinalfrage angesichts der in Unternehmen auf allen Ebenen weitverbreiteten, deprimierenden Erfahrung: große Mühe – wenig Wirkung. Wir wollen hier eine ganz andere, fremde Konzeption von Wirksamkeit mit einer hochattraktiven Formel vorstellen: wenig Mühe – große Wirkung. Gewissermaßen der Schirmherr dieser Konzeption ist einer der ganz Wichtigen unter den europäischen Denkern und Perspektivwechslern, François Jullien[61]. Er sagt: »Wenn man sich nicht anstrengt, wenn man sich weder bemüht noch etwas erzwingt, so geschieht das nicht, um sich von der Welt zu lösen, sondern um in ihr mehr Erfolg zu haben.«[62]

Jullien, Jahrgang 1951, arbeitete zwölf Jahre in Ostasien (Peking, Shanghai, Hongkong, Tokio). Er ist Philosoph, Sinologe und Professor für ostasiatische Sprachen und Kulturen, bis 1998 war er Präsident des College International du Philosophie, seit 2002 ist er Direktor des »Institut de la Pensée Contemporaine« (Institut für zeitgenössisches Denken) an der Universität Paris VII. Er geht schon seit Jahren und ganz konsequent einen vielverzweigten Denk-Umweg über China,[63] jenen Kulturkreis, der sich sehr lange komplett unabhängig von der abendländisch-griechischen, der westlichen Tradition ausbildete und entfaltete. Jullien untersucht das chinesische Denken in all seiner Fremdheit und Komplexität, auch um dadurch unser europäisches Selbstverständnis zu schärfen. Die von Grund auf andere Denkweise, eben die chinesische, macht umso deutlicher, was unsere westlichen Kategorien für Denken und Handeln sind, und was dabei im toten Winkel bleibt, für welche wichtigen, womöglich zukunftsentscheidenden Gedanken wir weder Platz noch Worte haben.

REIFUNG + WANDLUNG STATT AKTION + HANDLUNG

Von François Jullien lernt man zum Beispiel viel über den fundamentalen Unterschied zwischen europäischem und chinesischem Strategiedenken. Der chinesische Weise/Stratege (oder auch: die Führungskraft) denkt in Kategorien der »Reifung« und »Wandlung«, der Europäer dagegen in »Aktion« und »Handlung«. Europäer entwerfen ein Ziel, ein Soll-Bild, das möglichst schnell und direkt umgesetzt bzw. erreicht werden muss. Für Ersteres braucht man den Verstand, für Letzteres Willen, Energie, Mut oder Macht. Der Wille, »der Welt die Stirn zu bieten«, sich zu behaupten und seine Ziele zu realisieren, kennzeichnet seit Prometheus den abendländischen Mächtigen – ob in Gestalt des Hardliners oder des Charismatikers. Keine Abhandlung zum Thema Wirksamkeit, die nicht die Notwendigkeit betont, sein Ziel zu kennen, seine Energie zu mobilisieren und seinen Mut und seine ganze Willenskraft in die Waagschale zu werfen, um es dann zu erreichen.

In China spielen Begriffe wie »Ziel« oder auch »Wille« nicht diese Rolle wie bei uns im Westen. Es geht vielmehr um die Situation und das Potenzial, das in ihr steckt: Also jeweils darum, die möglichen Ansätze für das eigene Anliegen aufspüren, die begünstigenden Faktoren ausmachen und sie reifen lassen. Das ist eine sehr viel diskretere Form der Machtausübung. Dieser Aspekt des Dezenten, der Subtilität ist ganz wichtig.

Wer geschickt ist, sucht den Erfolg im Potenzial der Situation, »anstatt ihn von den Männern zu verlangen, die er unter sich hat«, wie ein alter Text formuliert. Aus der Situation ergibt sich die Wirkung, nicht aus der Person oder der Tat.[64] Das chinesische Denken führt also weg vom europäischen Heldentum, weg von Herkules und Sisyphos, der immer wieder und mit viel Krafteinsatz einen Felsen den Berg hinaufrollt, weg von den Machern, die ihre Ziele gegen alle Widerstände durchsetzen wollen. Der chinesische Stratege bemerkt in einer Situation das Potenzial eben dieser Situation. Und dann gestaltet er die Situation allmählich so, dass sie sich »neigt«, »zu seinen Gunsten verändert«, und sich letztlich wie ein Abhang auftut, den hinab die Auswirkungen ihren Lauf nehmen. Echte, effektive »Siege« sind also unsichtbar. »Je wirksamer das Verhalten, desto weniger ist es sichtbar, desto mehr vereint es sich mit der Prozesshaftigkeit.«[65]

Die Überbetonung der Proaktivität in westlich geprägten Unternehmen verhindert zu oft die Möglichkeit, mit dem Situationspotenzial zu arbeiten, Gelegenheiten zu erkennen, auf sie zu warten. Die neue, andere, chinesische Vorstellungsweise besteht darin, im Vorfeld (wörtlich übrigens »stromaufwärts«) auf die Bedingungen einzuwirken. Das entspricht im chinesischen Denken der Wurzel und den Zweigen. Man muss an den Wurzeln anfassen (bis an die Wurzeln zurückgehen), nicht etwa an den Zweigen ziehen, damit sich die Wirkung als eine Konsequenz ganz von selbst ergibt.

Einen »Nachteil« hat diese Variante vor allem aus westlicher Perspektive naturgemäß: Es gibt wenig Lob für den dezenten Anstupser, denn er ist ja nur schwer als solcher zu identifizieren. Außerdem hat er sich gar nicht richtig angestrengt, nicht wahr?

ECHTE WANDLUNGEN SIND STILL

Das I Ging, das inzwischen sehr bekannte »Buch der Wandlungen«, eine der ältesten klassischen chinesischen Textsammlungen, hat als zentrales Thema die jeweilige Qualität der Zeit. Stets gilt es, als Mensch dem Wandel der Zeit zu folgen(!), nicht etwa gegen sie etwas einzuleiten. Ständig geht es darum, sein Verhalten mit dem Lauf der Dinge in Einklang zu bringen. »In China ist die Wirksamkeit, man muss es wiederholen«, insistiert Jullien, »eine Wirksamkeit durch Anpassung«[66]. Das Gegenteil davon ist, eine Situation zu erzwingen. Das wäre dann zwar eine Heldentat, etwas Spektakuläres, Sensationelles, aber sie hätte nicht so viel Wirksamkeit. Echte Wandlungen gehen nun einmal leise vonstatten: das Altern zum Beispiel, wie Jullien in seinem jüngsten Essay ausführlich darlegt.[67]

Da sich alles wandelt, und zwar über eine bestimmte Dauer hinweg, sieht man den Wandel an und für sich nicht. Man sieht nicht, wie man alt wird, denn alles an uns ist gleichzeitig diesem Prozess ausgesetzt. Nicht allein die Haare, nicht allein der Blick, nicht allein die Stimme, sondern alles gleichzeitig. Folglich hebt sich nichts auffällig ab oder hervor. Es ist einfach nur plötzlich offenkundig, dass man alt geworden ist.[68]

Wie stark hebt sich diese diskrete Sicht und Haltung von der westlichen ab, in der einer gerade durch seine Durchsetzung gegen alle Widerstände zum Helden wird, auch wenn er tragisch scheitert. Das Abendland ist voll von Dramen mit Konfrontation, Zuspitzung, Schlacht, Sieg und Niederlage. Westliches Handeln ist: Aktion und Revolution. Der Blick des östlichen Strategen sucht dagegen weniger nach den Katalysatoren als nach Indikatoren für das Neue, das sich abzeichnet. Er weiß, dass die Kraft, die es braucht, um gegen Widerstände etwas durchzusetzen, anderweitig nicht mehr zur Verfügung steht. So etwas wie Nachhaltigkeit ist für Sisyphos deshalb nicht möglich. Er schafft nur »Pseudo-Wirkung«,[69] verausgabt sich im Kampf gegen die Schwerkraft anscheinend so sehr, dass er auch zu denken aufhört, wohin er den Stein eigentlich haben will.

DIE SITUATION IST DAS WICHTIGE

Das grundsätzlich andere Denken und Sehen Chinas lässt sich übrigens auch in der bildenden Kunst nachweisen. Im klassisch abendländischen Porträtgemälde sieht man die Machtperson, den Herrscher, im Vordergrund. Die Landschaft (also die Situation) ist allenfalls im Hintergrund, nur als Dekoration. Der Mächtige ist der Wichtige. Im klassisch-chinesischen Gemälde ist die Landschaft mächtig, sind Berge, Wasser, Bäume, die umfassende Situation im Vordergrund. Die Person bleibt ganz klein, diskret im Hintergrund. Es geht um die Kräfteverhältnisse im Gesamtkontext. Die Situation ist das Wichtige.

WIRKUNGSMACHT CHINA

China wird ökonomisch, politisch und kulturell immer mächtiger. Nicht nur die New York Times spricht davon, dass wir im chinesischen Jahrhundert leben: »Das Land hat sich verändert, nun verändert es die Welt«. Auch das Symposium der Ideenplattform Ted Conference im Herbst 2010 in London widmete sich der Rolle Chinas. Einer der Hauptredner, Martin Jacques, Fellow an der London School of Economics und Gründer des britischen Think Tanks Demos, fordert einen neuen Blick auf China und prognostiziert, dass es nicht erst 2050, sondern bereits 2020 die weltgrößte Wirtschaftsnation sein werde.[70] Dagegen schlafwandele Europa in die Bedeutungslosigkeit.

Wenn wir François Jullien weiter folgen, hat diese Entwicklung auch damit zu tun, dass Mao seinerzeit eine spezielle Fähigkeit ins Chinesische eingeführt hat: nämlich die, Denkweisen zu kreuzen bzw. zu adaptieren. Seit Mao gibt es im Chinesischen schon den Ausdruck: auf seinen beiden Beinen laufen (nämlich auf dem westlichen und auf dem chinesischen.) Die Stärke Chinas heutzutage, meint Jullien, sei, dass ihm beide Denkregister zur Verfügung stehen. China kann so handeln, wie wir es halten: Pläne erstellen, Ziele festsetzen; aber es kann eben auch ganz anders, traditionell chinesisch agieren. So wie in der Medizin, wo es in einem Krankenhaus ein Stockwerk mit westlicher und eines mit chinesischer Medizin gibt, verfügen die Chinesen grundsätzlich über die große Stärke, beide Denkregister ziehen zu können.

Ein konkretes Beispiel für typisch chinesische Strategie entnimmt Jullien aus dem chinesisch-französischen Verhältnis. Ausländische Staatsoberhäupter kommen in Frankreich immer in Paris an. Die chinesischen Staatsoberhäupter hingegen steuern als Erstes eine Nebenstadt wie Toulouse an. Weil sie da in aller Ruhe und unbeobachtet erst einmal ein paar Versprechungen machen können, zum Beispiel, dass sie vielleicht bald eine Reihe französischer Flugzeuge kaufen werden. Danach fahren sie nach Paris und haben bereits ein Situationspotenzial entwickelt. Sie kommen sozusagen als Mächtige in Paris an. Anstrengungslos haben sie sich eine bessere Ausgangsposition bei Verhandlungen im Élysée-Palast[71] verschafft.

WURZELDENKEN STATT HYPERAKTIVITÄT

Was kann es für Unternehmen heute heißen, dem Jullien'schen Denkansatz zu folgen? Was können Führungskräfte vom chinesischen Denken lernen, um wirksamer zu werden?

1. Die Kreuzung der Konzepte Modellbildung und Reifung. Einerseits Modelle, Pläne erstellen, Ziele benennen, um Menschen zu mobilisieren; aber zugleich eine Situation reifen lassen, damit sich die Bedingungen letztlich positiv auswirken. (Dazu gehört zum Beispiel die Kunst, Konkurrenten sich aktiv, gar hyperaktiv verausgaben zu lassen.)
2. Also ein Situationsverständnis herstellen und stärker auf den sich in der Stille vollziehenden Wandel Rücksicht nehmen.
3. Den Aufwand für konfigurative Einschätzungen erhöhen: Über welche, sich kaum abzeichnende Züge verfügen bestimmte Geschäftsbeziehungen zu einer bestimmten Zeit, um sich in diese oder jene Richtung zu neigen? Was gilt es anzustoßen, weil aktuell eine günstige Disposition vorliegt?
4. In den Kategorien der Funktion zu denken (statt in den von der europäischen Psychologie so geschätzten der Intention) und sie höher zu bewerten: Welche Faktoren begünstigen oder behindern eine bestimmte Wirkung? Statt Zielerreichungsgespräche (intentional) also mehr Wirkungsbetrachtungen: Was kam de facto ins Rollen?
5. Nach dem Potenzial im Jetzt suchen statt permanent Ziele in die Zukunft zu projizieren, die vierteljährig korrigiert werden müssen.

Wäre also am Ende eine neue Wahrnehmung angemessen, die sich auf die leisen Bewegungen und Neigungen der Situation versteht? Auf die unspektakulären, aber umso wirkmächtigeren Verschiebungen? Müssen wir viel stärker darauf achten: Welche Wandlung »geht allmählich in eine andere Richtung, ohne Aufmerksamkeit zu erregen, ohne sich anzukündigen, bis sie alles ins Gegenteil umschlagen lässt, ohne dass man es auch nur bemerkt hätte«?[72]

Für die Notwendigkeit einer Hinwendung zu dieser Art Wurzeldenken und diskretem Wirken spricht zurzeit immerhin einiges, zum Beispiel:

- dass China uns ökonomisch schon überholt hat,
- dass Europa wirtschaftlich und politisch irrelevanter wird,
- dass der Ansporn, Top-Manager zu werden und eine 80-Stunden-Tunnel-Woche als normal zu betrachten, bei jungen Leistungsträgern massiv an Attraktivität einbüßt,
- dass die Freude an Konsum und Entertainment ihre Hochphase überschritten hat, genauso wie die Ölförderung,
- dass die Währung »Sinn« stark an Vertrauen gewinnt.

Therapie 2:
SICH BEZIEHEN

Es wird u.a. empfohlen: die Qualität von Kooperationen genau zu prüfen; mehr echte Fremdheit zu wagen; Konsens nicht zu überschätzen und gut zwischen Kumpanei und verlässlichen Partnerschaften zu unterscheiden.

Angesichts der maßlosen Konkurrenz aller gegen alle, angesichts der Ego-Optimierungswut und der allgemeinen Fragmentierungen gerade auch im Arbeitskontext schlägt das Pendel – zumindest intentional – wieder in Richtung Kooperation. Viele Bücher sind auf dem Markt, die diesen Trend aufnehmen.[73] Und ein anerkannter Sozialwissenschaftler und Zukunftsdenker wie Bernhard von Mutius erkennt in »Zusammenspiel und Selbstorganisation« die zentralen Zukunftsdimensionen zur Lösung wesentlicher wirtschaftlicher und gesellschaftlicher Fragen. Sie lösen die traditionelle Kombination aus Hierarchie und Einzelaktionen ab. Von Muntius plädiert dafür, wieder in Bezügen und Beziehungen zu denken, relational statt absolut, ein- statt ausschließend.[74] Auch andere Wissenschaftler untermauern jetzt durch Studien, was als gefühlte Erfahrung schon länger bekannt ist:

- Die kollektive Intelligenz einer Gruppe ist höher als die Summe der Einzelintelligenzen. Noch interessanter: Die kollektive Denkleistung steigt nicht, wenn und weil der Intelligenzwert des klügsten Mitglieds wächst, sondern korreliert mit dem Einfühlungsvermögen der Teilnehmer. In deutlicheren Worten: Die Dominanz Einzelner, und seien es die Intelligentesten, ruiniert

das Gesamtergebnis![75] Eher zufällig – aber nicht eben verwunderlich – förderte die Studie noch zutage, dass die Zahl der Frauen in einem Team dessen kollektive Leistung signifikant erhöhe.
- Menschen arbeiten zu zweit produktiver als alleine. Bei ungleicher Leistungsstärke passen sich die Schwächeren den Stärkeren an, nicht umgekehrt. Selbst die besten Einzelarbeiter werden noch einmal um einige Grade besser, wenn sie einen Partner an der Seite haben.[76]

DIE PERFORMANCE DER ZUKUNFT IST KOLLEKTIV

In der Welt des Fußballs hat schon vor mehr als zehn Jahren Volker Finke den sogenannten Heldenfußball verspottet, wie er ab Mitte der 1990er-Jahre von Real Madrid verkörpert wurde, dem Verein der galaktischen Individualisten. Der damalige Trainer des SC Freiburg konnte sich keine Stars leisten und setzte notgedrungen auf das Alternativmodell, den Konzeptfußball, in dem das Zusammenspiel zum Top-Erfolgskriterium wird. Heute setzen die Trainer der erfolgreichsten Clubs in den wichtigsten Ligen der Welt sämtlich auf Teams, die extrem gut als Kollektiv funktionieren. Stars sind out.

Mag Wettbewerb ein Entdeckungsverfahren sein[77] – Zusammenarbeit ist eben auch eins. Man ist sich mittlerweile darüber einig, dass der entscheidende Stellhebel für Zukunftsentwicklungen in Organisationen nicht mehr die Individualförderung ist. Sie bleibt natürlich wichtig, wird aber nicht dasselbe zu leisten imstande sein wie Zusammenspiel und Synchronisation (die naturgemäß zu Lasten des internen Wettbewerbs gehen). Modernes Business ist ein Mannschaftsspiel. Und schon ein falscher Spieler kann den Mannschaftsgeist verderben, sagte Lucien Favre, ein anderer Konzeptfußballtrainer.[78] Er meinte damit den egomanischen Stürmer mit der »Gib mir, gib mir!«-Mentalität, den ein modernes Team nicht mehr braucht, weil er es schädigt.

Dazu passt, was der renommierte Verhaltensforscher Ernst Fehr bei der Untersuchung von Fairness-Auswirkungen auf die Unternehmenswelt herausgefunden hat: Fairness ist als Verhaltensmuster nicht nur viel weiter verbreitet als gemeinhin gedacht, es sorgt auch für bessere Überlebenschancen als Egomanie – sowohl bei Völkern wie in Organisationen.[79]

»THE LINK IS MORE IMPORTANT THAN THE THING«

Zudem wird die Verbindungs- und Vernetzungskompetenz als solche immer wichtiger. Legendär ist die von Bernard Cova[80] in Bezug auf die spätmoderne Ära formulierte Maxime: »The link is more important than the thing«. Das Wie der Kommunikation, der Zusammenarbeit, des »Zwischen« ist heute erfolgsentscheidend. Ob es dabei um Handys, Autos oder Policen geht, ist zweitrangig. Wichtig ist, wer sich wo mit wem wie trifft.

Die neuen Formen der Netzwerkkooperation sind politisch wie ökonomisch auf dem Vormarsch. Viele frische zivilgesellschaftliche NGOs machen es vor; sie sind oft schneller und besser vernetzt als die etablierten nationalstaatlich organisierten Vereinigungen und wissen: Weder die Produkt-Entwicklung noch die Vermarktung ist ohne stabile Verbindungen und kluge Verlinkungen über die eigene Organisation hinaus zu bewerkstelligen. Nach Produktivkapital, Finanzkapital und Wissenskapital schickt sich das Beziehungskapital an, zur wertvollsten Ressource des Netz-Zeitalters zu werden.

So weit, so erfreulich. Aber natürlich muss man die Art der neuen Beziehungen, die Qualität der Verbindungen genau und kritisch untersuchen.

MEHR BEZIEHUNG WAGEN UND MEHR FREMDHEIT

Das, was als Netzwerk, Kooperation, Kollegialität und Verbindung daherkommt, ist von unterschiedlichster Qualität. Die Verlinkung mit allem und jedem zum Beispiel kann man auch promisk nennen, ebenfalls das in den Projektarbeitswelten scheinbar unabdingbare Kooperations-Bekenntnis des Leistungswilligen: »Ich kann mit jedem (zusammenarbeiten)«. Das mag der Fall sein, aber ist das so überhaupt eine wünschenswerte Qualität? Die Frage ist doch, wie spezifisch eine Zusammenarbeit funktioniert und was dabei herauskommt.

Bei genauerem Hinsehen ist die muntere Verbindungsfreude nämlich oft nicht mehr als eine Verbindungsillusion. In der lauwarmen Halböffentlichkeit der »Kontakte« und »Friends« sind zwei Qualitäten selten zu finden: echte Beziehungen und echte Fremdheit.

Beide sind aber unbedingt nötig bzw. wiederzubeleben, wenn es etwas werden soll mit einer Zusammenarbeit, die Relevantes zustande bringt. Es geht also darum, mehr Beziehung und mehr Fremdheit zu wagen.

JENSEITS VON »GEFÄLLT MIR«

Was unterscheidet eine echte Beziehung von einem »Kontakt«? Eine Beziehung ist das, was entstehen kann (aber nicht muss), nachdem man »Guten Tag« gesagt, also den Kontakt hergestellt hat. Dann erst kann es interessant werden. Oft ist aber der Höhepunkt des Verbindungsgeschehens bereits erreicht, wenn der »accepted«- oder »Like-it«-Button angeklickt wurde. Danach kommt oft nicht mehr viel an Substanz und Nähe.

Der durchschnittliche Facebook-Nutzer hat 130 Kontakte. Mehr als 150 Sozialkontakte innerhalb eines Menschenlebens sind nach

Ansicht von Anthropologen gar nicht zu bewältigen. Facebook hat die Obergrenze aktuell auf 5000 festgelegt. Das lustige Freundesammeln geht also weiter; gleichzeitig werden aber auch die Techniken, welche Leserechte beschränken, immer häufiger genutzt. Erste ernstzunehmende Entwicklungen weg von der Massenvernetzung hin zur Exklusivität von spezifischen Communities finden sich bereits im Netz (Micromobs). Denn wenn alle »drin« sind, dann droht – das kennen wir aus dem richtigen (alten) Leben – Überbevölkerung und Unübersichtlichkeit.

Malcolm Gladwell, als Publizist keineswegs verdächtig, die Rolle der Social Media gering zu schätzen oder gar zu verteufeln, hat im »New Yorker«[81] klar erläutert »why the revolution will not be tweeted«: weil politische Bewegungen oder echter Protest nie auf schwachen Bindungen wie dem Netzgezwitscher beruhen, sondern auf starken, belastbaren Beziehungen. Gladwell relativiert die politische Kraft der Verlinkungen, ohne deren Bedeutung zu schmälern. Verlinkungen auf Facebook, Twitter etc. sind potente Ideenbeschleuniger oder auch faszinierende Brücken ins Fremde. Aber es entsteht noch nicht notwendig Verbindung und Verbindlichkeit. Sekundenschnelle Weitergabe von Bildern oder Informationen ist notwendiger Teil auch von Engagement, aber wo eine echte Bewegung entstehen soll – und nicht nur ein Hype – da braucht es Personen, die sich mehr zutrauen. Die echtes Engagement zeigen und echtes Risiko eingehen und teilen wollen. Bei einer belastbaren Beziehung spielen gemeinsame Erfahrungen, ein geteilter Kontext, durchlebte und bewältigte Krisen eine entscheidende Rolle.

Eine belastbare Beziehung kann deshalb nicht mit beliebig vielen Personen entstehen. Solch eine Qualitätsverbindung ist eine rare Ressource. Sie lässt sich nicht produzieren, sondern muss reifen. Sie kann unterschiedlich beginnen (selbstverständlich auch mit einem Link), aber ab einem bestimmten Punkt bedarf sie einer

Entscheidung. Die Entscheidung, jemandem wirklich zu vertrauen. Das ist immer ein Vorschussunternehmen.

Wer auf schnelle Rendite aus ist, sollte also nicht aufs Beziehungskapital setzen.

DA IST ETWAS DRITTES

Noch einmal konkreter auf die Organisationen und die Arbeitswelt bezogen: Was macht die Qualität von Verbindungen im Zeitalter des »Ich tu's mit jedem« aus? Was ist das Verbindende einer Verbindung? Und was ihre zugrunde liegende Motivation? Drei Kategorien sind hier von Belang. Im besten Falle ergänzen sich alle drei und bilden ein Motivationskollektiv. Wo das aber nicht der Fall ist, kennzeichnet (und begrenzt) das Primärmotiv die Beziehungsqualität. Diese Motive sind:

1. Ein gemeinsames Anliegen kann das Verbindende sein. Etwas, für das beide Parteien Verantwortung übernommen haben, das beiden wichtig ist. Etwas Drittes jedenfalls, das rückbezüglich nicht nur sie selber meint. Joachim Gauck, der Bürgerrechtler und Beinahe-Bundespräsident, hat das in seinen Memoiren einmal etwas pathetisch die »fundamentale Geneigtheit zu etwas außer mir selbst«[82] genannt. In seltenen, glücklichen Fällen ist dieses echte und gemeinsame Anliegen einer kollegialen Arbeitsbeziehung das Gesamtwohl der Firma. Eine qualitativ unschätzbare Ressource.
2. Auch die Zusammenarbeit selbst kann zum zentralen Bindeglied einer Kooperation werden. Samt der Inspiration, die daraus entsteht; die Freude am gemeinsamen Tun und an dem, was an Neuem entsteht. Musik ist ein Beispielbereich für die unmittelbare Wertschöpfung, die entsteht, wenn zwei oder

mehrere zusammenspielen. Es wird dabei etwas kategorial Neues produziert, eine Klangwelt, die über die Summe der Einzelinstrumente weit hinausreicht. Ob mit klassischen Partituren oder bei den Improvisationen des Jazz: Jeder Einzelne trägt seinen Teil bei, antizipiert, widerspricht, folgt oder führt auch mal den anderen, verbindet und verwandelt sich in seiner Interpretation und ermöglicht dadurch eine Gesamtkreation, die in sich als sinnvoll erlebt wird.

Innovationen hängen zum großen Teil mit einer Kultur zusammen, die Disziplin wie Spielfreude gleichermaßen herausgebildet hat. Die Lust am gemeinsamen Denken, Finden, Verwerfen, ebenso wie die Nachsicht, wenn ein Ton misslingt, das Vertrauen ineinander, dass sich die Mühe am Ende lohnt.

Viele Projektgruppen erleben den Zeitpunkt leider nicht, da sie lange genug beisammen sind, um über Disziplin und Übung, über einzelne Fehler und gemeinsame Krisen hinweg zu einem Ensemble zu werden, dessen Zusammenspiel sie und andere inspiriert.

3. Die dritte Kategorie, die zur Zusammenarbeit motiviert, ist der Eigennutz. Er ist legitim, nennt sich in der Regel »gegenseitiger Nutzen«, was sich etwas korrekter und ungefährlicher anhört. Solange in Kooperationen ein eigener Vorteil ent- oder besteht oder wahrscheinlich ist, ist alles bestens. Ist er nicht mehr zu erwarten, dann fehlt – oft von heute auf morgen – der entscheidende Grund, warum man sich weiter mit einem Partner abgeben sollte. Kumpaneien sind prototypische, auf Widerruf angelegte Eigennutzverbindungen.

Eberhard Wirfs, im bürgerlichen Beruf Unternehmer mit Tiefkühlprodukten und als erster Deutscher Weltpräsident der noblen Wohltätigkeitsgesellschaft der »Lions«, hat den Unterschied in der Motivation von Engagement einmal folgendermaßen beschrieben:

»Wenn ich den Appell an andere richte ›Wir brauchen dich‹, dann ist das etwas anderes, als wenn ich sagen oder denken würde: ›Wir wollen einen Vorteil aus dir ziehen.‹«[83]

Das Arbeitsleben ist durchgehend geprägt von Nützlichkeitserwägungen aller Art, und wir haben uns gerade auch im Kontext von Arbeitsbeziehungen so sehr an diese spezielle Eigennutzmaxime gewöhnt, dass wir nach dem gemeinsamen Dritten oder der reinen Freude am Zusammenspiel gar nicht mehr fahnden. Nur diese aber heben eine Verbindung auf ein neues Qualitäts-Niveau.

KONSENS IST ÜBERSCHÄTZT

Es sieht beinahe so aus, als entschwinde die Fremdheit im Zeitalter der Massenvernetzung. Das Andersartige ist gleichsam getilgt; mal wird es als exotisch (also unter dem Konsumaspekt), mal als lästig wahrgenommen. Aber als etwas Bedrohliches, das eine Grenze zieht, ist es scheinbar nicht mehr vorhanden. Alles wird umarmt, eingemeindet in den Kosmos der globalen Nomaden, die sich überall zurechtfinden und nirgends mehr zu Hause – im eigenen – sind. Abgrenzung gilt als vorgestrig, sie steht dem Prozess der globalen Entgrenzung entgegen.

Bindungsarmut auf der einen und Fremdheitstabuisierung auf der anderen Seite verhindern aber echte Auseinandersetzungen, ohne die weder Bindungen noch Innovatives, Neues, Frisches entstehen können. Byung-Chul Han spricht bei dieser sanften Vernichtung des Andersartigen gar von einer »Gewalt des Konsens«.[84] Ein solcher Konsens ist weder notwendig noch produktiv.

Wer verlässliche Beziehungen als Grundlage hat, kann dagegen getrost und gestärkt ins Fremde aufbrechen, kann sich unkalkulierbaren Irritationen aussetzen, sich stimulieren lassen und dadurch Neues entwickeln.

UND JETZT?

Es gilt streng und mutig zu unterscheiden: zwischen Kumpanei und verlässlichen Partnerschaften. Wer an Letzteren interessiert ist, sollte:
- sich trauen, Vertrauen zu haben (immer ein riskantes Vorschussgeschäft)
- Kumpanei-Offerten auch mal ausschlagen
- Fremdheit nicht mit Pseudo-Konsens übertünchen, sondern als sperrige Andersheit respektieren (und sich daran gewöhnen)
- von stabilen Beziehungsinseln aus ins Fremde, in Parallelwelten vorstoßen.

Therapie 3:
SELBER DENKEN

Empfohlen wird u.a.: Wissen und Meinen klar zu unterscheiden; Empirie nicht ad acta zu legen; Ingeborg Bachmann; sich öfter mal etwas Einsamkeit zu gönnen.

EIN HOCH AUF MARIE DE GOURNAY

Immanuel Kant, der Kampagnenmanager der Aufklärung, meinte trocken: »sapere aude!« Habe Mut, dich deines eigenen Verstandes zu bedienen. Es kann nicht schaden, sich ab und an in Erinnerung zu rufen, welche zivilisatorische Leistung mit der Aufklärung verbunden ist; und welche die Alternativen waren und wieder sein könnten: Unwissenheit, Dummheit und eine Form von Ausgeliefertsein, die mächtige Meinungsmacher das auf den Scheiterhaufen werfen lässt, was ihnen nicht in den Kram passt.

Marie de Gournay, 1565–1645, französische Schriftstellerin, Philosophin und Frauenrechtlerin, ältestes von sechs Kindern einer verarmten Familie des französischen Landadels, durfte nie eine Ausbildung machen, hatte aber den von Kant geforderten Mut im Übermaß. Sie las heimlich Bücher, weigerte sich zeitlebens zu heiraten und wurde, als Autodidaktin, eine der gebildetsten Frauen ihrer Zeit. Während in Europa Frauen noch als »Hexen« getötet wurden, wetterte sie gegen die obligatorische Verdummung der Frauen als »Geschlecht, dem man alle Güter versagt [...], um ihm als einziges Glück und ausschließliche Tugend die Unwissenheit, den Anschein der Dummheit und das Dienen zu bestimmen«.

Worum geht es also? Darum, sich gerade auch in Zeiten der Schwarmintelligenz[85] seiner ureigenen individuellen Kraft zu besinnen. Hatten wir im vorangehenden Kapitel noch das gemeinsame Tun im Fokus, wollen (und müssen) wir beim Denken naturgemäß die Eigenständigkeit betonen, die wirksam vor Manipulation und Abhängigkeit ebenso wie vor Selbstgefälligkeit schützt. Dass eigenständiges Denken eine eigene Form der Tapferkeit verlangt, sah auch schon der bedeutende Literaturkritiker Lionel Trilling Mitte des vergangenen Jahrhunderts. Er stellte fest, »dass die Moderne von der Angst des Einzelnen geprägt ist, nur eine einzige Sekunde von der Herde getrennt zu sein.«[86]

Ein Lob also der Gedankenarbeit, insbesondere der logischen, die zwar nicht in jeder Problemlage angebracht oder ausreichend ist, aber doch eine faszinierende und erstaunlich omnifunktional einsetzbare geistige Tätigkeit ist. Und dazu unsere menschlichste und zugleich unendliche Fertigkeit bleibt. Sie ermöglicht Prüfung und Kontrolle, die nicht auf Gegnerschaft beruht. Denken kann zu einer verstehenden Zustimmung führen, die nicht Glauben heißt, es kann finden, entdecken, erkennen. Es hilft, sowohl eine Haltung zu entwickeln, wie dieselbe zu überprüfen. Nur das Denken kann die Perspektive wechseln, keine andere Funktion des menschlichen Kompetenzapparates kann das. Zukunft kann vor-gedacht, Vergangenheit kann nach-gedacht werden. Eigenes, Fremdes, Reales, Irreales, Geträumtes, Gewünschtes, Alles und Nichts kann denkend bearbeitet werden. Denken ist zu jeder Zeit und an jedem Ort machbar, ohne jedes technische oder sonstige Hilfsmittel. Denken kann assoziativ, stringent, logisch, lax, träge oder rasiermesserscharf sein. Es kann zerteilen oder zusammenfügen, spielen und experimentieren. Und es kann inspirieren und ermüden, wie andere Tätigkeiten auch.

DENKEN IST NICHT RECHT HABEN

Wissen ist nicht meinen. Und ein Argument ist nicht dasselbe wie ein Interesse. Diese Unterschiede sind wichtig, damit ein dysfunktionaler Diskurs verhindert werden kann. Diese Unterschiede werden zurzeit allerdings vehement und gezielt verwischt.

Obwohl sich das Recht auf Gebrauch des Verstandes seit den Zeiten der Marie de Gournay allgemein durchgesetzt hat und die Voraussetzungen, an Bücher und anderes Informations- und Lernmaterial zu kommen, sich fast überall in der Welt verbessert haben, ist zu konstatieren, dass viele es vorziehen, dumm zu bleiben. Aber trotzdem recht haben wollen.

Wie kann so etwas heute passieren, wo doch mehr Menschen denn je Zugriff auf unendlich viele Fakten haben? Trotz Rundum-die-Uhr-News, Dauer-Gezwitscher, RSS-Feeds[87] und mobilem Internet denken 20 Prozent der Amerikaner, dass ihr Präsident Moslem ist. Zwei Jahre zuvor waren es nur elf Prozent.[88]

In den USA gibt es zwei sich diametral und unversöhnlich gegenüberstehende Medien- und Meinungsmaschinerien: die rechtsgerichtete, allen voran das Fox-Imperium, ruft die Menschen zur Wiederherstellung der Ehre auf (»Restoring Honor«), die andere zur Wiederherstellung der Vernunft (»Restoring Sanity«). Letzteres scheint bitter nötig in Zeiten, da Figuren wie Glenn Beck – Gesicht und Stimme der Tea Party-Bewegung – aus Redaktionsräumen »war rooms« machen, von denen aus sie in den Kampf gegen »die Feinde Amerikas« ziehen. Wenn Sarah Palin, Ex- und vielleicht Bald-wieder-Präsidentschaftskandidatin der Republikaner, den Mund aufmacht, erwartet mittlerweile niemand mehr eine irgendwie abgesicherte, faktenbasierte relevante Information oder Botschaft, sondern nur mehr ihre Propaganda. Inzwischen – so klagt Benjamin Barber,[89] Politikwissenschaftler an der University of Maryland – seien aber Fakten auch weit über das Wirkungsfeld von

Extrempolitikern und Erweckungsjournalisten hinaus in Verruf geraten. Die zivilisatorische Überzeugung, dass Wahrheit, Objektivität, Wissenschaft und Vernunft sich grundlegend unterscheiden von Meinung, Subjektivität, Vorurteil und Gefühl – diese Überzeugung weicht auf.

DAS WIRD MAN JA WOHL NOCH SAGEN DÜRFEN

Zu Recht ist die ehemals unantastbare »Objektivität« der Naturwissenschaften vom Thron gestoßen worden. Aber auch wenn es vollkommene Erkenntnis von Wahrheit nicht gibt, schon gar nicht im Zeitalter der Relativitätstheorie und systemischen Mehrperspektivität, so gibt es doch gute und schlechte Argumente: Behauptungen nämlich, die durch empirische Daten verifiziert werden können oder die auf nachvollziehbaren Argumentationen beruhen. Und solche, die das nicht tun.

Gang und gäbe ist heute jedoch, für jede Meinung Artenschutz einzuklagen (»das wird man ja noch sagen dürfen«), ungeachtet ihrer logischen Begründung. Oft verbitten sich die Meinungshaber sogar die Gegenrede. Wenn jemand der Meinung ist, die Konsistenz seiner Tomatensuppe sage etwas über die Kursentwicklung eines börsennotierten Unternehmens aus, und weiter behauptet, dieses Verfahren sei ebenso gut wie das irgendwelcher professionellen Analysten, dann wird damit ein normativer Anspruch gesetzt. Empirie spielt keine Rolle. Fatalerweise werden dann auch von den Analysten keine Belege mehr verlangt, lieber verabschiedet man sich ganz von der Vorstellung, dass eine Behauptung rechenschaftspflichtig sei. Jeder reißt sich im großen Steinbruch der Informationen und Informatiönchen die zu seiner Meinung passenden Brocken heraus und wirft sie nach dem Gegner.

Im politischen Geschäft ist diese Entwicklung sogar nachvollziehbar, geht es dort doch grundsätzlich um die Durchsetzung von Interessen. Koste es an Wahrheit, was es wolle.

Erschreckenderweise sieht es aber im Wirtschaftskontext, ehemals als knochentrockene »rationale« Riesenrechenmaschine beleumundet, ähnlich aus. »Aufmunitionieren« nennt man das Sammeln oder Herstellen passender Fakten – passend zur bereits feststehenden Meinung –, mit dem Scharen von Mitarbeitern und Assistenten beauftragt werden, um den »Argumentations«-Showdown in der Vorstandssitzung zu überstehen. Es gewinnt derjenige, dessen Erfolgsstory die wenigsten Lücken hat. Womit diese gestopft oder geglättet wurden, scheint zweitrangig.

»DIE WAHRHEIT IST DEM MENSCHEN ZUMUTBAR«

Das hat die begnadete Dichterin und Autorin Ingeborg Bachmann einmal vermeldet: Dahinter steckt dreierlei:

1. Die Überzeugung, dass es eine Wahrheit außerhalb des eigenen Interesses überhaupt gibt; und dass man sich ihr zu stellen habe, auch wenn sie einem nicht passt. Dass es neben der subjektiven Wahrhaftigkeit (die eigene ehrliche Überzeugtheit) eben auch eine Art objektiver Wahrhaftigkeit gibt. Etwas, das außerhalb von mir existiert und bestimmte Eigenheiten aufweist, die es zu realisieren gilt.

2. Dass der Mensch stabil genug ist, sich den Differenzen und der Spannung zu stellen, die entstehen, wenn externe oder »objektive« Gegebenheiten seinen Interessen zuwiderlaufen. Mitunter ist in den Unternehmen ein verschrobenes Mitgefühl mit Kollegen zu beobachten, denen man etwas Bestimmtes nicht zumuten könne, weswegen sie dann der Einfachheit halber angelogen werden.

Damit hängt 3. zusammen: Man darf getrost mit der Klugheit der Menschen rechnen. Die Strategie, dass sie sich auf Dauer vertrösten, anlügen oder für dumm verkaufen lassen, ist noch selten aufgegangen. Dagegen fällt auf, dass immer noch sehr viele Mitarbeiter – Führungskräfte wie Sachbearbeiter – gerne knifflige Probleme und echte Aufgaben knacken, die Nachdenken erfordern. Jeder, der in ein »Think Tank« seiner Organisation eingeladen wird, begreift das zunächst als Ehre. Es bleibt nun mal attraktiver, sich mit realen Problemen, Herausforderungen, Aufgaben professionell und argumentativ zu befassen als nur zwischen Applaus und Buh-Rufen wählen zu können, wenn sich auf der Bühne die Business-Showstars ein Spektakel der Illusionen liefern. Und eben nicht der Aufklärung.

Oft bleibt denen, die ihren Verstand selbstständig zu gebrauchen wissen, als Rolle im Organisationsspiel nur, den dummen August zu geben: ursprünglich eine Figur, die als Tölpel neben der Gegenfigur des weisen, klugen Clowns eingesetzt wurde. Dieser August wird mehr und mehr zum eigentlich Klugen, der in einer verdrehten Welt mit seinen »dummen Fragen« die richtigen, die wunden Punkte trifft. Dabei ist er geschützt, weil er seine Intelligenz hinter Harmlosigkeit versteckt. Es könnte für ein Unternehmen hilfreich sein, unterscheiden zu können zwischen Zynikern, denen, die innerlich gekündigt haben, und dem einen oder anderen gar nicht so dummen August.

AUFBAU UND PFLEGE SELBSTSTÄNDIGEN DENKENS

Dafür braucht man: Werkzeug, Gelegenheit und Motiv. (Rein zufällig das, was auch ein Verbrecher braucht und was ihn als solchen überführt.)

- *Das Werkzeug:*
  In erster Linie ist dieses die Achtung vor der eigenen Fachdisziplin, gerade in Zeiten der wuchernden Interdisziplinarität. Die eigene Fachdisziplin – sei es Physik, Philosophie oder Tontechnik – ist wie eine Sprache, die erlernt und benutzt werden muss, um Fachspezifisches überhaupt erkennen und ausdrücken zu können. Rudimentäre Kenntnisse helfen vielleicht beim Smalltalk auf der Vernissage, sind aber nicht geeignet, filigrane Problemlösungen zu entwickeln oder überhaupt nur ein Problem zu verstehen.
  Um Grenzüberschreitungen in andere Disziplinen hinein produktiv gestalten zu können, muss das Fundament des Fachwissens stabil sein. Da heute kaum noch ein Wissenschaftprojekt Gelder bekommt, wenn es nicht interdisziplinär aufgesetzt ist, kann man den Eindruck gewinnen, dass die Arbeit innerhalb von Disziplinen ins Abseits gerät. Damit gehen aber die Basiselemente der Forschung verloren. Um den Nutzen von Grenzüberschreitungen fruchtbar zu machen, muss man eben jene Grenzen erst einmal ziehen und ernst nehmen. Nur ein echter Informatiker und eine echte Biologin, die die ganze Weite, aber eben auch die Differenzen ihrer zwei Theoriesprachen in einen Diskurs einbringen, werden zu einem neuen dritten Inhalt gelangen, der im Niveau oberhalb liegt. Andernfalls lassen sie sich auf dem kleinsten gemeinsamen Nenner und Kenntnisstand nieder; jeder redet überall mit, man versteht sich(!) blendend – aber nicht das Thema.

- *Das Motiv, also die zugrunde liegende Haltung:*
  Robert K. Merton, einflussreicher empirischer Soziologe aus den USA hat in den 1930er-Jahren[90] – die neue nationalsozialistische Art, mit Wissen und Denken umzugehen vor Augen – vier Kriterien definiert, die echte von unechter Wissen-

schaft unterscheiden. Diese Unterscheidungen gelten auch für das freie Denken. Ihnen ist auch heute noch nichts hinzuzufügen:
1. Communitarianism: Wissen und Denkergebnisse stehen allen zur Verfügung.
2. Universalism: Die Bewertung von Forschungsergebnissen erfolgt unabhängig von Klasse, Ethnie, Geschlecht etc. des Forschenden.
3. Disinterestedness: Antriebsfeder ist nicht der Eigennutz, sondern die Leidenschaft für Erkenntnisgewinn, Neugier und das Interesse am Wohlergehen der Menschheit.
4. Organized skepticism: Widerspruch – also das Ausbüchsen aus der Kollegenherde – wird sozial unterstützt. Sowohl die einzelnen Methoden wie die Forschungs- und Denkinstitutionen im Ganzen sind so gestaltet, dass abschließende Urteile immer wieder hinterfragbar bleiben.

– *Die Gelegenheit zum wirklich eigenständigen Denken.*
Das heißt schlicht immer mal wieder: Ruhe, Einsamkeit und Konzentration. Lange genug, damit sich etwas im eigenen Kopf entwickeln und verdichten kann. »Thinking means concentrating on one thing long enough to develop an idea about it. Not learning other people's ideas, or memorizing a body of information, however much those may sometimes be useful. Developing your own ideas«, meint der Literaturkritiker William Deresiewicz in einer Rede über »Solitude and Leadership«.[91] Multitasking fördert das Denken also nicht. Es generiert Assoziationen und möglicherweise auch Ideen, aber – so merkt Deresiewicz weiter an: »I find for myself that my first thought is never my best thought. My first thought is always someone else's; it is always what I've already heard about the subject, always the conventional wisdom.« Und er fährt fort: »It's only

by concentrating, sticking to the question, being patient, letting all the parts of my mind come into play, that I arrive at an original idea. By giving my brain a chance to make associations, draw connections, take me by surprise. And often even that idea doesn't turn out to be very good. I need time to think about it, too, to take mistakes and recognize them, to make false starts and correct them, to outlast my impulses, to defeat my desire to declare the job done and move on to the next thing.«

Das hätte Marie de Gournay gefallen.

Therapie 4:
WÜTEND WERDEN

Empfohlen wird u.a.: Wut nicht mit Ärger oder Empörung zu verwechseln; den Widerstandsweg zu gehen; den Unterbruch sehr ernst zu nehmen.

NEIN

Nicht alles hat einen Sinn, nicht alles muss als Herausforderung angenommen werden. Vieles ist sinnlos, etliches sogar wahnsinnig. Oder einfach nur Mist. »Und ich habe mir diesen stinkenden Mist nicht eingebrockt. Ich werde ihn auch nicht wegräumen!«

Wer nicht von Zeit zu Zeit den Verstand verliert, hat keinen zu verlieren, sagt man. Ein Wutausbruch ist so ein Verlust der Fassung, die der Verstand geformt hat. Die Wut verlässt das System der Ratio und ist vollkommen Emotio. Ein Computer dagegen hat keinen Verstand. Also verliert er auch keinen. Er wird nicht wütend, er rechnet weiter, auch wenn die Eingaben, die er zu verarbeiten hat, noch so grotesk sind. Das berührt ihn alles nicht, ihm machen die eigenen Abstürze nichts aus. Mag auch der Blackout am Monitor längst auf ein Ende jeder konstruktiven Lösungssuche hinweisen, der PC sortiert ungerührt und sogar schneller denn je die Nullen und Einsen nach dem traditionellen Muster seiner Algorithmen. Auch das Navigationsgerät im Auto gerät nie in Rage. Mit stoischer Geduld wiederholt es seine Vorschläge und bittet um Verständnis, »wenn möglich, bitte wenden ...«.

Wer wütend wird, stört den Mechanismus, der aus jeder Situation – und sei sie noch so verfahren – immer und immer wieder das Beste zu machen versucht. Wer wütend ist, unterbricht die effiziente Mist-Umdeutungs-Maschinerie, die jeden Quatsch, jede Beleidigung, jedes Desaster zu einer Herausforderung erklärt und damit bearbeitbar macht im großen Leistungserbringungswettbewerb.

WUT IST NICHT ÄRGER

Wut ist ein echter Unterbrecher[92] – und deshalb nicht zu verwechseln mit Ärger. Ärger ist ein Begleiter. Er ist wie das Jammern, ein hinkendes Hündchen, das alles kläffend oder jaulend kommentiert, aber gleichzeitig mit dem Schwanz wedelt und weiter humpelt, um den Anschluss ans Herrchen nicht zu verlieren. Ärger ist deutlich distanzierter, er bezieht sich in der Regel auf ein nicht befriedigtes Bedürfnis, und sein Erregungspotenzial ist geringer. Auch der Kontrollverlust durch Ärger ist ein anderer, er ist kurz und nicht umfassend.

Wut ist archaisch. Es ist der heftigste und damit un-vernünftigste Affekt. Seneca, der Stoiker, verurteilt sie in seinem Traktat »De ira« als die schlimmste Gefühlsregung, weil die Vernunft hier gar nichts mehr ausrichten kann. Wut ist im Vergleich mit dem Ärger die persönlichere Emotion. Sie entsteht aus einer tiefen Kränkung, einer widerfahrenen Ungerechtigkeit. Sie ist gerade nicht die stressbedingte eruptive Entladung anlässlich einer Lappalie, sondern gründet in einem echten persönlichen Getroffensein.

Auch die Empörung ist von ganz anderer Qualität als die Wut, viel weniger intensiv. Sie brandet auf bei einem Verstoß gegen übergeordnete, für Konsens gehaltene Regeln. Außerdem ist der

Empörte sich immer einig mit vielen anderen Empörten. Wer dagegen in Wut gerät, ist aggressiv gestimmt und alles andere als einvernehmlich. Der Wut fehlt auch jede Besserwisserei. Bei den Empörten, den Protestierern, den Zornigen findet sich oft die »Auf-mich-hört-ja-keiner-Haltung« des Bescheidwissens. Ressentiments gegen die »da oben« (Gier) oder die »da unten« (Hängematte), gegen den Kapitalismus und die heutigen Zustände (wahlweise zu dekadent oder zu grausam), gegen das Internet (Verdummung) oder gegen die »Gutmenschen« (naiv) gehören zum Empörungsrepertoire des zeitgenössischen Arbeitslebens.

Die Wut dagegen weiß nicht, was gut ist. Sie kennt keine Argumente und Belege. Sie bricht auf und schreit, weil etwas getroffen wurde. Oft weiß sie selbst nicht, was. Wegen ihrer Unberechenbarkeit hat sie nicht das beste Renomée. Nicht nur Seneca und den Stoikern stieß sie unangenehm auf. In den meisten Kulturkreisen gilt sie als Ausdruck unangemessenen Sozialverhaltens. Heute, im Zeitalter der Erfolge, des Selbstoptimismus, der blendenden Supermänner und -frauen ist Wut ein ganz und gar anachronistisches Gefühl. Sie ist uncool, weil unsouverän. Sie outet den Wütenden als jemanden, den etwas wirklich berührt, der etwas zu nah an sich herangelassen hat. Zu ungeschickt aber auch.

Die Wut ist ganz offensichtlich problem-, nicht lösungsorientiert. Sie ist nicht proaktiv, sondern zutiefst reaktiv. Sie sucht keine Lösungen, sie schreit einfach NEIN.

Immerhin attestiert die Psychologie, dass langfristig unterdrückte Wut zu Depressionen, Essstörungen und Alkoholismus führen kann. Ähnlich wie permanenter Stress kann sie krank machen. Ausbrechende Wut hat also immerhin psychohygienische Effekte.

DIE GUTE WUT

Durchgehend positiv wird die Wut fast nur in einem, dafür allerdings hochinteressanten Kontext gesehen. Sie spielt eine wichtige Rolle in der Missbrauch-Präventionsarbeit bei Kindern und Jugendlichen. Den Anzeichen von Gefühlen, gerade auch von Wut, zu trauen, gilt als wichtige Prophylaxe gegen Grenzüberschreitungen jeder Art. Wo der Missbraucher dem Kind gegenüber formuliert oder anderweitig subtil zu verstehen gibt: »Sei doch vernünftig(!). Das ist doch alles ganz normal. Sei kein Spielverderber. Außerdem glaubt dir das eh keiner ...«, da ist einzig ein heftig einsetzendes Wutgefühl, so es noch nicht wegzensiert wurde, geeignet, eine fatale Entwicklung zu stoppen. Alle Aggression, alle Un-Vernunft, alle Kraft wird hier gebraucht, um in einem perfide angelegten, asymmetrischen Verhältnis eine Grenze zu ziehen und sich zu schützen.

Es gibt auch andere ungeheuerliche Situationen, in denen nicht direkt eine Alternative gefunden werden kann, sondern zuallererst eine Unterbrechung not tut. Ganz ohne Rücksicht, ohne Verhandlung, ohne Verstand und ohne Verständnis. Und trotz der begleitenden Scham, die sich meist nicht eliminieren lässt. Und trotz des berechtigten Zweifels, ob es nicht doch auch andere Wege gegeben hätte, als sich so zu entblößen. Lösung hat eben immer auch etwas mit loslösen, loslassen, abbrechen zu tun. Sie setzt oft den brutalen Schnitt voraus, wird erst möglich nach einem radikalen »Unterbruch«. So nennen die Schweizer die »Unterbrechung« und bringen damit ihre Wucht noch deutlicher zum Ausdruck.

EINE NEUE AGENDA

Es kann sein, dass die Wut bloß psychohygienisch gut tat. Sie hat nur den Kragen und nicht den ganzen Körper, den Geist oder die Seele platzen lassen. Und ein Wutausbruch weist auch nach, dass der Wuthaber noch nicht zur Rechenmaschine degeneriert ist. Es kann aber auch sein, dass die Wut – einmal aufgebrochen –, gerade weil sie so kraftvoll und aggressiv ist, mehr leistet als Psychohygiene: dass sie nämlich zu einer tiefen inneren Entschlossenheit führt.

Die Situation, in der jemand in Wut gerät, lässt sich nicht mit einer der Varianten aus dem pragmatischen Dreierpack »love it, leave it or change it« handeln. Sie ist zumindest subjektiv so geartet, dass da zunächst einmal kein Ausweg, kein Hebel zur Veränderung und auch keine Bereitschaft ist, sich mit der Lage abzufinden und wieder zur Tagesordnung zurückzukehren. Der Punkt ist erreicht, da es zur Ent-Scheidung für den 4. Weg kommen kann, den Widerstandsweg. Widerstand ist als Allererstes die Verweigerung des Gehorsams. Der Wütende folgt ab jetzt seiner inneren Richtschnur, er wechselt von der offiziellen zu seiner ganz eigenen Agenda. Es geht ihm nicht mehr nur um Schmerzvermeidung, um Überleben, um Entrinnen und Ausweichen. Das könnte man noch keine »eigene Agenda« nennen, sondern nur die übliche Form, sich gegen Zumutungen und Belastungen zu schützen. Es entwickelt sich in ihm eine eigene, neue Zielvorstellung, die ein etabliertes System als belastend erkennt und attackiert. (Wie gesagt, immer vorausgesetzt, dass keiner der andern drei Wege als gangbar angesehen oder gewählt worden ist: sich arrangieren, verändern oder aussteigen).

FORMEN DES WIDERSTANDS

Es gibt unterschiedliche Formen des Widerstands. Da ist jene, die auf Aufbau von Alternativen, auf Aushöhlung des Bestehenden durch Neuorientierung auf etwas Wichtigeres setzt. Auch sie beginnt mit einer Unterbrechung und klingt so: »Hört auf, die Rettung der Welt, der Finanzen, der Wirtschaft etc. von denen zu erwarten oder zu verlangen, die sich bisher dafür zuständig erklärt haben, oder an die Ihr es bisher bequem delegieren zu können meintet. Kümmert euch selber darum.« Bücher wie das vom »Ende der Welt, wie wir sie kannten« und der »Apo 2.0«[93] und andere beschreiben diesen Weg. Es geht nicht darum auszusteigen, sondern darum, seine berufliche und gesellschaftliche Stellung und sein gesamthaftes, nicht bloß monetäres Vermögen zu nutzen – eben für eine neue Agenda. Auf der stehen nicht mehr die alten Performance-Versprechen, Wachstum (wo auch immer) und Gewinn (wie auch immer), sondern inhaltlich definierte Zukunftsherausforderungen wie Rohstoffversorgung, Stadtentwicklung, Produktionsweisen, Wohnformen, Konsumverhalten, Wirtschaftsordnung, Erdentwicklung etc. Das Handbuch mit »Ideen für eine bessere Zukunft«[94] beispielsweise umfasst Hunderte von Beiträgen internationaler Autoren mit Ansätzen und Initiativen zur Lösung zentraler sozialer Fragen. Es ermutigt zu neuen Denk- und Handlungsweisen – und man kann einfach schon jetzt damit beginnen. Gespeist werden sie alle aus dem Gefühl, dass »es« so einfach nicht mehr weitergehen kann, aus der Entschlossenheit, einen Kreislauf zu durchbrechen, den Systemgehorsam zu verweigern und fortan in ein anderes, lebensfreundlicheres System zu investieren.

Die Subversion ist die andere Widerstandsform. Sie bevorzugt die Sabotage und Destabilisierung, die Zerstörung des Status quo. Der Furor jenes anarchistischen Pamphlets eines anonymen Autorenkollektivs[95] über den »Kommenden Aufstand« und mehr noch die enorm große Resonanz, auf die es gestoßen ist, seit es in seiner ersten Fassung 2007 in Frankreich erschienen und inzwischen vielfach übersetzt wurde, ist in diesem Zusammenhang irritierend und eindrucksvoll zugleich. Ungeachtet seines teils naiven Verständnisses vom Aufstand, den es anzuzetteln gilt, liefert es die faszinierende Beschreibung eines immer stärker werdenden, hochkochenden Wutgefühls. Es ist eine Wut, die sich nicht mehr durch Vernunft besänftigen zu lassen gedenkt und die sich extrem gut ausdrücken kann. Nicht rationale Analysen überzeugen hier, sondern der präzise, auf den Begriff gebrachte Affekt, der ansteckt wie das »explosiv (!) laute Auflachen«, mit dem die gängigen Verbesserungsrezepte quittiert werden: »Es geht nicht mehr darum zu warten – auf einen Lichtblick, die Revolution, die atomare Apokalypse oder eine soziale Bewegung. Noch zu warten ist Wahnsinn. Die Katastrophe ist nicht das, was kommt, sondern das, was da ist«.

Abgerechnet wird im »Kommenden Aufstand« zum Beispiel mit der Arbeit an sich: »Sie hat restlos über alle anderen Arten zu existieren triumphiert, genau in der Zeit, als der Arbeiter überflüssig geworden ist.« Oder mit den jungen, leider vor allem karrierebraven Leuten: Sie joggen sonntagmorgens für ihre Employability-Fitness und lassen »sich ihre Zähne weiß machen, für einen besseren Aufstieg«. Und was offenbart der Blick auf die Buchführungen der Unternehmen? Eine jede gibt zu, »dass sie nicht mehr weiß, wo der Wert entsteht« usw. Der Fortschritt wird als Synonym für die Katastrophe ausgemacht und denunziert. Die gerade geborenen »Wutbürger« in den Protestbewegungen gegen Bahnhofsprojekte und Castor-Transporte passen gut zur Atmosphäre und conclusio dieses Pamphlets: »Nie war das Gefühl eines unmittelbar bevorstehenden Zusammenbruchs so lebhaft.«

Das Gefühl heißt Wut. Und sie will etwas leidenschaftlich (unter)brechen.

UNTERBRECHUNGEN SIND IMMER HART

Noch zwei Perspektiverweiterungen zum Thema Unterbrechung: Der italienische Kulturminister Sandro Bondi hat im letzten Jahr seinen Besuch bei den Filmfestspielen in Cannes abgesagt, weil er sich durch einen italienischen Dokumentarfilm provoziert fühlte. Es handelte sich um »Draquila«, eine filmische Verknüpfung von »Dracula« und »Aquila«, jenem Abruzzendorf, das am 6. April 2009 von einem verheerenden Erdbeben zerstört wurde. Die Filmemacherin Sabina Guzzanti stellt mit kalter Wut das »System Berlusconi« am Beispiel dieser Katastrophe bloß: Silvio, der die Opfer für seine eigene Machterweiterung immer weiter aussaugt. Am Ende des Films sagt ein Mann, der zeit seines Lebens offen gegen die Zumutungen des Berlusconi-Regimes gekämpft hat: »Bloß weil etwas eine hohle Lüge ist und ein endloser Betrug, heißt das nicht, dass es irgendwann verschwindet!« Oder mit Bert Brecht gesprochen: »Es setzt sich nur so viel Wahrheit durch als wir durchsetzen.«

Für die Bedeutsamkeit des aktiv herbeigeführten Unterbruchs steht auch die italienische Autorin Michela Murgia. »Glaubst Du wirklich, dass die Dinge, die geschehen sollen, im richtigen Moment von allein geschehen?« Die das fragt, ist eine »Accabadora« aus dem gleichnamigen Roman Murgias.[96] In der kargen Realität des Lebens auf Sardinien in den 1950er-Jahren angesiedelt, wird eine ungewöhnliche Mutter-Tochter-Geschichte erzählt, unerbittlich und streng. Bonaria Urrai, eigentlich Schneiderin, wird bisweilen mitten in der Nacht geweckt, eilt dann aus dem Haus und kommt erst frühmorgens zurück. Sie ist die Accabadora, eine »Beenderin«. Sie wird gerufen, wenn ein Todgeweihter nicht zu sterben vermag. Dann ist sie es, die den Lebensfaden durchschneidet. Naive Schicksalsergebenheit wie sie die Rolle des Pfarrers in so einem Fall vorgibt, erscheint feige angesichts der Not und Notwendigkeit von Erlösung, die sich aber nicht von alleine einstellt.

Hier geschieht die Unterbrechung zwar nicht aus Wut, sondern aus Barmherzigkeit. Nichtsdestotrotz bleibt sie ein hartes, ein unfassbares Geschehen, das am Rande und im tabuisierten Geheimen angesiedelt ist und das die archaischen Themen Schuld, Scham und Tod berührt, ohne sie rational zu glätten. Es bleibt ein ungeheuerlicher, aggressiver, notwendiger Akt.

Therapie 5:
ZUM MASSGEBLICHEN GRUND FINDEN

Empfohlen wird u.a.: Maßlosigkeit und Unverhältnismäßigkeit zu unterscheiden; die Frage nach dem richtigen Maß als Zielfrage zu stellen; das eigene Referenzsystem regelmäßig zu checken; wichtig zu nehmen, was einem wichtig ist.

ES GIBT ENTSCHEIDBARE UND NICHT ENTSCHEIDBARE FRAGEN

Sagt Heinz von Foerster.[97] Auf die nicht entscheidbaren Fragen kommt es an, denn genau diese müssen wir entscheiden. Dabei übernehmen wir Verantwortung, das heißt wir müssen auf die Frage antworten können, weshalb wir uns so und nicht anders entschieden haben. »Es ist, wie ich sage«, ist eine Aussage, die verantwortlich macht. »Ich sage, wie es ist«, ist der wissenschaftliche Modus der entscheidbaren Fragen. Bei diesen geht es um die Wahrheit des Es, die ihre Anerkennung und Anstrengung durch Beleg und Argument fordern – bei Ersteren geht es um die Wahrheit des Ich: Wie entscheide ich, wenn sich die Antwort nicht absichern, sondern nur riskieren lässt? Führungskräfte werden genau dafür gebraucht und bezahlt, dass sie die unentscheidbaren Fragen be- und verantworten und so Orientierung geben. Denn auch fundamentale Geschäftsentscheidungen sind heute über objektivierende Verfahren nicht mehr zu fällen. Die Faktenlage ist nie eindeutig. Dieselben Zahlen könnten als Argument dafür dienen, ein Werk oder eine Filiale zu schließen – oder gewaltig in sie zu investieren. Und die Interessenlagen sind selbstverständlich immer mindestens genau so diffus.

Wo die Faktenlage eindeutig ist, da hat man es mit entscheidbaren Fragen zu tun – aber da bedarf es interessanterweise keiner Entscheidungen mehr, nur Schlussfolgerungen. Dass 2 + 2 = 4 ergibt, ist eine logische Schlussfolgerung, Entscheidungen sind aber genau deswegen Entscheidungen, weil die Lösung nicht hergeleitet, sondern entschieden werden muss. Das ist nicht trivial. Woran soll man sich orientieren?

KURZER EXKURS ZU MASS UND ZIEL

Was ist ein Maß? Erstens wird die Maßeinheit selber so genannt: die Einheit zum Messen von Größen, Mengen, Gewichten und vielem anderen. Zweitens die durch Messen ermittelte Größe, also zum Beispiel: Jemand hat Hutmaß 57.

Es scheint so zu sein, dass wir das Messen von Quantitäten mittlerweile ganz gut hinbekommen, beim Messen von Qualitäten wird es schwieriger: Was ist die passende Maßeinheit für die Qualität eines Unternehmens? Ist es die Erfüllung der ISO-Normen oder sind es die freigesetzten Glückshormone beim Kunden? Und was ist die Maßeinheit für Unternehmenserfolg? EBIT oder niedrige Fluktuation oder ...? Und für persönliche Zufriedenheit? Die Anzahl der durchgeschlafenen Nächte, die Summe der Menschen, die sich zum Geburtstag melden? Oder vielleicht doch das Jahreseinkommen?

Die Frage nach der besten Messeinheit lässt sich nur sinnvoll beantworten, wenn man die Frage nach dem Ziel stellt. Wer mit dem Auto vom Schwarzwald nach Wien will, für den ist das (Kilo)Metermaß der geeignete Orientierungsapparat. Wer Sonden zu unserer nächstgrößeren Nachbargalaxie, der Andromeda-Galaxie, schicken will, der rechnet besser in Lichtgeschwindigkeit. Das Maß ist mehr als alles andere eine Verhältniskategorie, es setzt etwas zueinander in Beziehung: zum Beispiel den zurückgelegten Weg zur noch verbleibenden Strecke. Die kürzeste Wegstrecke von Yach, einem Dorf im Südschwarzwald, nach Wien ist 700 km lang. Die nach Florenz oder Berlin aber auch. Und wer dieselben 700 km nach Westen fährt, hat den Atlantik erreicht. Wer sich also ins Auto setzt und losfährt, für den ist die km-Anzeige im Tacho eine gute Orientierung über die verbleibende Wegstrecke, und vermutlich schafft er die Tour an einem Tag. Aber er sollte eben vorher entschieden haben, ob er nach Österreich oder ans Meer will.

Ein Maß orientiert (noch 700 km ...), aber nur insofern eine Grundorientierung über ein Ziel (... bis nach Wien) gegeben ist.

VERHÄLTNISMÄSSIG VIEL UNVERHÄLTNISMÄSSIGKEIT

Wenn wie aktuell oft Maßlosigkeit oder Unmäßigkeit angeprangert wird, dann trifft das den Problemkern nicht präzise. Die Welt ist voll von Messgrößen und Maßangaben aller Art, sie nützen allerdings nichts, wenn nicht klar ist, worauf sie sich beziehen. Das Problem ist also eine allgemeine Un-Verhältnis-Mäßigkeit. Die Maßeinheiten wären schon vorhanden, zuhauf sogar – allein, sie sagen nichts aus, weil dazu kein Ziel im Verhältnis angegeben wird bzw. ganz unterschiedliche Ziel-Maß-Verhältnisse unterstellt werden.

Unmäßigkeit tritt dort auf, wo es keinen Zusammenhang zum Ziel gibt. 5 kg Zuckerguss – ist das viel? 500 Mrd. Euro – ist das angemessen? Kommt drauf an. Für einen Apfelkuchen mögen 5 kg Zuckerguss überdimensioniert sein. Richtig bewerten lässt sich das aber nur, wenn man die 5 kg mit einem bestimmten Kuchen ins Verhältnis setzt. Es muss klar sein, ob der Kuchen für einen zweisamen Nachmittagskaffee oder für das Guinnessbuch der Rekorde gebacken wird. Die Verhältnismäßigkeit fragt nach dem Ziel und bemisst danach die Mittel. Die Messgrößen an sich – 3 Billionen Peanuts, 2 Grad Erwärmung, 80 Stunden – sind sinnlos.

Die Welt ist voll davon, sie tragen zur Informationsflut bei, orientieren aber keineswegs. Dabei spielt keine Rolle, ob sie quantitativer oder qualitativer Art sind. Die Zufriedenheit der Mitarbeiter – nehmen wir einmal an, sie konnte durch gute qualitative Methodik ermittelt werden – was bedeutet sie? Ist sie etwa selber das Hauptziel? Oder gibt es ein übergeordnetes Unternehmensziel? Nur wenn man das kennt und zudem unterstellt, dass die Zufriedenheit der Mitarbeiter zur Erreichung dieses Ziels beiträgt (was ja nicht immer der Fall sein muss), hat man eine Orientierung darüber, was zu tun ist – und kann sich eventuell auch an einem entsprechenden Messwert erfreuen.

Es müssen also ein Maß und ein Ziel ins Verhältnis gesetzt werden, nicht etwa zwei Messgrößen. Genau das passiert heute in den Organisationen aber oft und wird dann sogar als Erfolg gefeiert: »Doppelt so schnell wie ...« ist so eine Formel fürs Ins-Verhältnis-Setzen zweier Maße. Es sagt eigentlich nichts aus. Denn was bedeutet »doppelt so schnell«, wenn es in die falsche Richtung geht? Oder »doppelt so viel«, aber vom Falschen? Richtungsfragen sind Zielfragen. Wohin will ich? Ist die Zielfrage erst einmal beantwortet – mit allen Priorisierungen, es geht schließlich um das Gesamtziel aller Teilziele –, dann wird schnell deutlich, welche quantitativen und qualitativen Maßeinheiten die passenden sind. Es kann gemessen und geschätzt (auch wertgeschätzt!) werden – und Status, Fort-Schritt, die noch notwendigen Zutaten oder ausstehenden Streckenabschnitte werden erkennbar. Jetzt kann man auch von Orientierung sprechen.

WIE MACHE ICH ES RICHTIG?

Was ist richtig? Woher die Grundorientierung und demzufolge das Maß fürs richtige Denken, Handeln, Entscheiden nehmen? Die Frage »Wie mache ich es richtig?« ist zutiefst menschlich, sagt der Philosophieprofessor und Experte für Handlungstheorie Harry Frankfurt.[98] Das eigene innere Referenzsystem ist das einzige, worauf der Mensch sich letztendlich beziehen kann und wonach er entscheiden muss, wenn sich außerhalb seiner die Fakten- und Interessenlagen doch ständig widersprechen.

Tatsächlich sind wir umzingelt von Vorstellungen, Bedürfnissen und Erwartungen anderer. Da gibt es die Anforderungen in Schule und Studium, da sind diverse Prüfungen, die Anspruchshürden der ersten Stellen, die überwunden werden müssen, fachliche Notwendigkeiten, um bestimmte Lösungen zu erzielen, strategische Erwägungen und opportunistische Rücksichten, um etwas durchzusetzen u. v. m. Wir sind beschäftigt damit, einem Zweck nach dem anderen zu dienen. Überall wird dabei gemessen und bewertet, auch wir selber bewerten andauernd, ob wir etwas gut genug gemacht haben, ob wir vorankommen etc.

Manch einer gelangt allerdings weit und hoch, indem er immer nur die Erwartungen der anderen erfüllt, ohne sich je die Frage gestellt zu haben, was er tun würde, wäre er wirklich verantwortlich. Er reflektiert seine Maßstäbe nicht und vernachlässigt das Eigene. Nicht selten schafft es so jemand bis in den Vorstand einer Organisation. Oft erst sehr spät in einer Karriere fragt er (oder sie) sich, ob es richtig ist, was er tut und getan hat bzw. was er selber eigentlich zutiefst will. Das kann mit tiefen Krisen oder großen Selbsttäuschungen einhergehen, die existentielle Fragen aufwerfen: Was habe ich falsch gemacht? Wozu das alles?

DAS EIGENMASS ODER DIE ENTWICKLUNG DES INNEREN REFERENZSYSTEMS

»Sich selbst ernst zu nehmen«[99], nennt Harry G. Frankfurt das menschliche Bestreben, »dass unsere Gedanken, unsere Gefühle, unsere Entscheidungen und unser Verhalten Sinn ergeben« sollen. Diese Beschäftigung mit sich selber, mit der Frage, ob das eigene Tun richtig oder falsch ist, woran wir es messen etc. unterscheidet uns von Tieren: »Ich denke darüber nach, wie man leben soll. Ich frage mich, welche Ziele ich anstreben und welche Grenzen ich respektieren soll. Es ist mir wichtig zu verstehen, was mir wichtig ist.«

Gemeint sind damit gerade nicht jene unzähligen instrumentellen Zwecke, denen wir uns widmen. Damit können wir uns beschäftigt halten – und tun es unentwegt. Aber sie stellen uns nicht zufrieden. Der Mensch braucht Endzwecke, die nicht nur funktionalen Wert haben. Anders kann er nicht zu jenem »Einverständnis mit sich selbst« gelangen, von dem Spinoza sagt, dass es das Gut des Menschen sei, auf das sich seine größte Hoffnung richten kann (acquiescentia in se ipso). Das Maß des Einverständnisses mit mir selber ist also der Wert, an dem ich erkenne, ob ich richtig liege.

Zwei Dinge folgen daraus: Erstens gilt es, beizeiten sein eigenes inneres Referenzsystem (mit einem definierten Endzweck und daraus abgeleitet die eigenen Maßstäbe) zu entwickeln und immer wieder zu überprüfen. Gerade um er-messen zu können, welches Tun angemessen ist. Das kann dem Einzelnen niemand abnehmen.

Und zweitens: Dieses Fokussieren auf das eigene Referenzsystem klingt nur egozentrisch, ist es aber nicht, wie uns unter anderem der Großdenker Arthur Schopenhauer erklärt: »Der Mensch kann zwar tun, was er will. Er kann aber nicht wollen, was er will.« Was nichts anderes bedeutet als: Es liegt nicht in unserer

Macht und Entscheidung, was wir als Ziel ansteuern. Uns kann höchstens gelingen, es zu entdecken.

Für alle, die sich schon immer schwer getan haben, genau zu sagen, welche Lebensziele sie verfolgen, gibt es also Trost: Man kann sich diese Ziele nicht backen, sondern muss sie finden. Und für alle, die immer ganz genau wissen, was sie wollen, gibt es eine Warnung: Es könnte sich bei der Zielgewissheit um eine Täuschung handeln, die die nächste Krise nicht übersteht; möglicherweise kennen sie sich selber noch viel zu wenig. Denn, so Harry G. Frankfurt: »Manchmal entdeckt eine Person etwas in sich, das ihr nicht nur merkwürdig abgelöst von ihr selbst erscheint, sondern in einem beunruhigenden Gegensatz zu ihren Absichten und ihrem Selbstverständnis steht.«

Das eigene Selbstverständnis setzt sich nun mal gerne aus Sollmaterialien zusammen. Aber die Frage nach unseren tiefsten Motiven und unseren höchsten Bestrebungen ist kein Wunschkonzert, sondern ein Faktum. Wodurch wird etwas wirklich wichtig für uns? Das entscheiden wir nicht, das schlussfolgern wir nicht, sondern dem gilt es auf die Spur zu kommen.

DIE SUCHE NACH DEM SCHAFFENSGRUND

Frankfurt kreist es folgendermaßen ein: Das, was uns wirklich wichtig ist, darum sorgen wir uns. Das, worum wir uns wirklich sorgen – ohne dass wir das verhindern könnten –, das sind unsere Endzwecke. Und diese Endzwecke werden von der Liebe bereitgestellt und legitimiert. Liebe ist für ihn weder primär ein Gefühl noch eine rationale Schlussfolgerung, sondern in erster Linie ein Wollen, das einen Modus des sich Sorgens anstößt. Liebe braucht also keine Gründe, Liebe schafft Gründe. Wir haben, so Frankfurt, keine Wahl, als uns ihren Forderungen (die uns zum Teil ja nicht unwesentlich einschränken) zu beugen. Lieben können wir nahezu alles: »Ein bestimmtes Leben, eine Erfahrungsqualität, eine Person, eine Gruppe, eine moralische Gemeinschaft, ein nichtmoralisches Ideal, eine Tradition, was auch immer.« Die Liebe ist es, die unser Wollen prägt und dann unseren Verstand ans Entscheiden schickt, nicht umgekehrt. Das mag entlasten oder frustrieren, auf jeden Fall hat es Konsequenzen. »Um uns selbst lenken zu können, müssen wir uns von uns selbst lenken lassen.«[100] Unsere Handlungen sind Einlassungen. Ich lasse mich auf etwas ein. Letztendlich auf mich selber. Und das bedeutet auch auf all die Widersprüchlichkeiten, die sich in mir auftun. Wer nicht einen Teil von sich radikal abspaltet (sofern ihm das überhaupt gelingt), kann nur mit seinen inneren Konflikten leben, so es sie nun einmal gibt.

Es gibt keine höhere Autorität, an die wir uns wenden könnten, um zu verstehen, was wir wollen oder tun sollen, »als die von uns bejahten Notwendigkeiten unserer eigenen Natur«. Um diese Autorität akzeptieren zu können, um das Einverständnis mit uns selbst zu erlangen, müssen wir sie natürlich erst einmal kennenlernen. In dem Maße, in dem uns das gelingt, können wir unsere Ziele identifizieren. Es handelt sich hier wirklich um eine Suchbewegung und nicht um eine Zielsetzung, wie uns diverse Lebensratgeber gerne weismachen wollen. Mitnichten können wir uns frei ausdenken, was wir uns zutiefst wünschen.

Künstler scheinen mit dieser Wahrheit etwas vertrauter zu sein. Franz Marc formuliert sie so: »Schwer und wichtig ist nur das Eine: den Schaffensgrund in sich zu finden.« Nur so gelingt ein Werk. Nur von dort aus – von den entdeckten und bewusst gewordenen Schaffensgründen – ergeben sich unsere entscheidenden Messgrößen. Aus diesen folgen unsere praktischen Vernunfts- und unsere Ermessensentscheidungen: Sie begründen unsere Kreativität.

LIEBE VS. »CHACKA!«

Wer sich seiner Schaffensgründe (oder: seiner tiefsten Zuneigung) nicht bewusst ist, den trägt kein Selbst-Bewusstsein, der trägt lediglich eine Selbst-Behauptung vor sich her. Der »Chacka!«-Typ ist manipulierbar und anfällig für Wunschvorstellungen, die er gern die seinen nennt, die aber nicht seine eigenen sind. Das führt zu Verwirrung, Zerrissenheit und Leiden – auch bei denen, die mit ihm zu tun haben.

Das reife Selbstvertrauen ist dagegen »ein Vertrauen in das, was zu sein wir nicht umhin können«. Es bildet die grundlegende Basis für den Einsatz unserer praktischen Vernunft. Ohne diese Kenntnis und das Vertrauen in unser eigenes Wollen wären wir in der Tat völlig orientierungslos und außerstande, etwas zu schaffen. Und unfähig zur Verantwortung. »Tatsächlich« so Frankfurt, »hat es keinen Sinn, ohne dieses Vertrauen überhaupt zu versuchen, Vertrauen in irgendetwas anderes zu entwickeln.«

Therapie 6:
SEIN LASSEN

Es wird u.a. empfohlen: die paradoxe Theorie der Veränderung; Weltbürgertum ohne Konsenswahn; die höhere Tätigkeit; und das Auge zu einem langen und langsamen Blick zu befähigen.

MEHR WELT, WENIGER SELBST

Was kann man heutzutage eigentlich guten Gewissens gegen die unfassbare und alles durchdringende Dominanz der »Arbeit« tun? Man kann zum Beispiel sich, andere und die Arbeit auch mal sein lassen. Seinlassen ist nicht Nichtstun. Nichtstun hat als Referenz immer noch das Tun. So gilt in der Psychoanalyse die Regel: Das Unbewusste kennt keine Verneinung. »Nichtstun« ist damit immer noch als ein Tun gekennzeichnet, oft besteht es ja tatsächlich im mühsamen Anziehen und Halten der Handbremse.

Seinlassen ist dagegen buchstäblich viel gelassener. Es ist ein fundamentales Anerkennen und ein Aufmerksamsein auf das, was ist; auf das Andere. In »lassen« steckt gewähren, überlassen, bleiben lassen. Es ist ein Mehr an Welt und ein Weniger an Selbst, das durchs Seinlassen entsteht. So wird es zum Gegenbegriff der Macht[101], die eine Ausweitung des Selbst intendiert, ob führend oder verführend, ob charmant oder gewaltsam. Macht ist nie frei vom Gefühl des Mangels, sie will immer mehr. Seinlassen kennzeichnet eine Haltung der Freundlichkeit. Sie ist wunschlos, vorsichtig, zurückhaltend, absichtslos. Aber gerade darum nicht wirkungslos.

Auch das Innere des werktätigen Menschen ist zum Kriegsschauplatz geworden, gekennzeichnet vom Kampf zwischen Disziplin und Schweinehund, Perfektion und Performance, zwischen Anspruch und Wirklichkeit, zwischen Selbstvorwürfen und Selbstgerechtigkeit, zwischen Ehrgeiz und Kündigungsphantasien, zwischen inneren Antrieben und Fluchtwünschen. Seinlassen ist in diesem Kontext kein Ausdruck von Resignation, sondern für die Fähigkeit, es einmal »gut sein lassen« zu können. Daraus spricht eine Haltung der Milde sich selber gegenüber, die Balsam für die geschundene Selbstoptimiererseele sein kann. Freundlichkeit sich selbst gegenüber ist eine ganz eigene Form der Lebenskunst, die vielfach verlernt wurde und wieder neu erlernt werden muss. Während der Egoismus immer nur versucht, gegen einen tief empfundenen eigenen Mangel anzuagieren, bedeutet das »Sich-sein-Lassen«, dass wir uns mit uns selbst anfreunden[102], inklusive Humor und Nachsicht.

ETWAS PARADOXES PASSIERT

Vor einigen Jahren hat ein gestalttherapeutischer Aufsatz von Arnold R. Beisser, Professor für Psychiatrie an der University of California, Los Angeles, und Schüler von Fritz Perls, dem Begründer der Gestalttherapie, Aufsehen erregt. Beisser skizziert darin eine paradoxe Theorie der Veränderung mit dem Kernsatz: »Veränderung geschieht, wenn jemand wird, was er ist, nicht wenn er versucht, etwas zu werden, das er nicht ist.«[103] Der große Wunsch nach Veränderung führt den Menschen in einen klassischen Zwiespalt. Er bewegt sich »ständig zwischen dem, wie er meint, sein zu sollen, und dem, wie er glaubt zu sein. Dabei identifiziert er sich nie ganz mit einer der beiden Seiten.« Wichtig ist, sich zumindest zeitweise mit der IST-Seite zu identifizieren. Insbesondere mit den

Teilen des Eigenen, die abgespalten sind oder abgelehnt werden, gilt es, in Kontakt zu kommen. Ganz freundlich. Ohne Veränderungsappell. Dann passiert das Paradoxe: Nur durch das »Seinlassen«, die schiere Akzeptanz, dass etwas so ist, wie es nun einmal ist, verändert sich etwas. Dies gilt auch für größere soziale, nicht nur für psychische Systeme. Organisationen neigen dazu, sich in Visionsbeschreibungen zu verlieren und zu verkennen, was sie »eigentlich« sind: ein komplexes Bündel und Beziehungssystem aus Menschen, Marktanteilen, Technik, Struktur, Tradition, Anspruch, Kunden, Knowhow, Prozessen etc., die bereits etwas Bestimmtes verkörpern, das nicht beliebig umformatiert werden kann. Dieses »Eigentliche« ist, was einer Firma tatsächlich eigen ist, was sie ausmacht.

Das festzustellen, ist gar nicht trivial, denn viele Unternehmen leiden ja an einer Art blindem Selbstwahrnehmungsfleck. Die Klärung dessen, was IST, aus der Haltung der Freundlichkeit heraus, ist ein notwendiger erster Schritt im Veränderungsprozess. Ohne ihn bleibt jede Visionssuche oder Zielbeschreibung im wahrsten Sinne boden-los, abgehoben und damit wirkungslos. Die verschiedenen Seiten, auch die unangenehmen, der eigenen Unternehmung zu akzeptieren, sich damit zu identifizieren, ist keine nostalgische Zeitverschwendung, sondern notwendige Grundlage für jede Art von gesundem Wachstum.

Interessant ist dabei Beissers Blick auf den Therapeuten, der vom veränderungswilligen Klient für sein Vorhaben eingespannt wird: »Der Klient kommt zum Therapeuten, weil er verändert werden will. Viele Therapieformen akzeptieren das als legitimen Ausgangspunkt und machen sich dann daran, den Klienten mit verschiedenen Mitteln zu ändern; dabei etablieren sie eine Dichotomie, die Perls[104] ›Topdog‹ und ›Underdog‹ nennt. Ein Therapeut, der versucht, einem Klienten zu helfen, hat die partnerschaftliche Position verlassen und ist zum wissenden Experten geworden, wobei der Klient die hilflose Rolle spielt (...). Der Gestalttherapeut nimmt an, dass die Topdog-Underdog-Dichotomie bereits im Klienten existiert und dass die eine Seite in ihm die andere ändern will. Er ermutigt darum den Klienten, beide Seiten in sich – immer eine zur selben Zeit – als seine eigenen zu akzeptieren.« Und weiter: »Veränderung ergibt sich nicht aus einem Versuch des Individuums oder anderer Personen, seine Veränderung zu erzwingen, aber sie findet statt, wenn man sich die Zeit nimmt und die Mühe macht, zu sein, was man ist; und das heißt, sich voll und ganz auf sein gegenwärtiges Sein einzulassen.«

Die entsprechende Alltagserfahrung kennen wir alle: In dem Moment, da wir aufgegeben haben, etwas zu erzwingen, da wir es haben »gut sein lassen« – oft durchaus erschöpft und nicht immer erfreut –, da kommt es um die Ecke, tritt es ein.

Paradox, aber wahr.

ZWEI FREUNDLICHKEITEN

Was bedeutet »andere sein lassen«, also die Freundlichkeit gegenüber anderen? Der systemtheoretische Meister Niklas Luhmann unterscheidet zwei Freundlichkeiten, die grenzenlose (um die es beim »Seinlassen« geht) und die kommunikative. Kommunikative Freundlichkeit sei die Fähigkeit, die eigene Meinung oder Erwartung vorerst einmal zurückzuhalten, bis der passende Augenblick gekommen ist. Die Wartezeit, sagt Luhmann, wird »nutzbringend damit gefüllt, dass man auf die Darstellung des anderen eingeht«![105] Damit bleibt es primär das eigene Anliegen, um das man sich Gedanken und Sorgen macht. Diese kommunikationstaktische Freundlichkeit ist gerade kein »Seinlassen«, sondern eine vorübergehende Zurückhaltung »um zu«. Die grenzenlose Freundlichkeit ist dagegen un-bedingt. Sie hat nichts vor, schaut und hört nur.

Auch Nietzsche hat sich dazu geäußert. Er beschreibt die Milden, Betrachtsamen, gelassen Freundlichen. Sie blicken gleichsam »aus den Fenstern ihrer Burg hinaus, die ihre Festung und eben dadurch ihr Gefängnis ist: der Blick ins Fremde, Freie, in das Andere thut ihnen so wohl«[106]. Und es hat ja tatsächlich etwas Erfrischendes, Entlastendes, nicht immer vom andern etwas wollen zu müssen. Die mildblickende Freundlichkeit hat ein Auge für die vielen, das Vielfältige, das Danebenliegende, das Abseitige. Und sie enthält sich der Überzeugung. Indem sie »sein lässt«, ist sie enthaltsam. Nietzsche nennt das »seltnere Enthaltsamkeit. – Es ist oft kein geringes Zeichen von Humanität, einen Anderen nicht beurtheilen zu wollen und sich zu weigern, über ihn zu denken.«[107]

Dazu passt, was Kwame Anthony Appiah,[108] der in London geborene und in Ghana aufgewachsene kosmopolitische Denker eines Weltbürgertums, sagt. Es sei gar nicht nötig, Verständnis oder gar Konsens mit den vielen, mit denen wir es zu tun bekommen, anzustreben. Es reiche vollkommen – das ist allerdings unvermeidlich und nichtsdestotrotz schwer genug –, sich auf ein »Gespräch« einzulassen, das die Differenzen auslotet (ohne sie auszuräumen) und in dem man sich an Fremdheit gewöhnen kann. So und nur so kann man sich die eine oder andere Parallelwelt zumuten. Es wäre eine zivilisatorische Überforderung, wollte man jeden Fremden und jede Parallelwelt verstehen oder sie gar verändern. »Gespräche, die über Grenzen hinweg geführt werden, können ein Genuss oder eine Qual sein – je nach den Umständen. Aber eines sind sie ganz gewiss: unvermeidlich«.[109] Dem anderen auf diese Weise freundlich Daseins- und Rederecht zu gewähren, bedeutet, ihn »sein zu lassen«.

DIE ARBEIT SEIN LASSEN

»Aufhören« im Sinne von beenden, was umgangssprachlich mit dem »Seinlassen« in Verbindung steht, kommt vermutlich daher, dass der Mensch in Urzeiten bei Gefahr »aufhorchte«, das heißt seine Tätigkeit unterbrach, sich regungslos verhielt und sehr genau hinhorchte, was sich im Umfeld tat. Die massiven Drucksituationen, in die der Einzelne innerhalb seines Arbeitskontextes immer öfter gerät, stellen heute solche Gefahrenlagen dar. Sich dem Druck zu beugen, zum Beispiel durch den Versuch, schneller zu arbeiten, beendet den Stress nicht, sondern befeuert ihn. Druck-Folgen wie Fehlerhäufung aus Konzentrationsmangel oder Blockaden durch mentale Verkrampfungen etc. verschärfen die Situation.

Da hilft nur ein Ebenenwechsel. Wer mit dem Auto Vollgas fährt, aber immer noch nicht schnell genug ist, dem nützt es nichts, das Gaspedal noch mehr durchzudrücken. Er muss in einen anderen Gang schalten. Dazu muss er zunächst aufhören – also den Fuß vom Gas nehmen, die Kupplung durchdrücken – was bedeutet, den Motor vom Getriebe zu trennen, weil ein Umschalten nur ohne Drehmoment möglich ist. Das entspricht dem Aufhorchen und Seinlassen.

Sein lassen im Sinne der Han'schen Freundlichkeit geht natürlich noch weiter. Lassen wir es sein, dann lassen wir es gelten. Alles, was wir sein lassen, schonen wir. »Sein lassen« achtet also auf die Seins-Qualität. Sie ist »schonend« – das mittelhochdeutsche Wort »schöne« heißt unter anderem auch »freundlich«.

Arbeit greift zu, verringert die Distanz, ist letzten Endes ein herrischer Akt der Einverleibung. Der Blick der Entschlossenheit macht kurzsichtig für das Langwährende und Langsame, auch für die langsamen Veränderungen. In der Arbeit be-handeln wir etwas, verändern es, eignen es uns an. Dagegen verzichtet der kontemplative Blick auf Einwirkung. Adorno sagt sogar, es ist diese gewaltlose Betrachtung, »von der alles Glück der Wahrheit kommt«, und sie ist dadurch gekennzeichnet, dass »der Betrachtende nicht das Objekt sich einverleibt«.[110]

»IHR ERTRAGT EUCH SCHLECHT, EUER FLEISS IST FLUCHT UND WILLE, SICH SELBER ZU VERGESSEN«

Gefragt ist also eine Art zu sehen, die uns ungewohnt und neu erscheinen mag, aber schon von Nietzsche in seiner »Götterdämmerung« definiert wurde: Es gilt, dem Auge die Ruhe, die Geduld und das An-sich-Herankommenlassen anzugewöhnen, das heißt das Auge zu einem langen und langsamen Blick zu befähigen. Was hieße, »auf einen Reiz nicht sofort zu reagieren«. Jedem Impuls zu folgen, immer sofort zuzugreifen, zu urteilen, zu rennen, zu antworten, hyperaktiv zu sein, dies seien bereits Zeichen von Krankheit. Es geht darum, die Souveränität in der Blickführung wiederzuerlangen. Ein »neinsagendes, souveränes Tun ist aktiver als jede Hyperaktivität, die gerade ein Symptom geistiger Erschöpfung darstellt«.[111]

Die pure Reiz-Reaktions-Aktivität verlängert nur das bereits Vorhandene. Vielfach verschärft sie es. Nie gelingt so ein Ebenenwechsel, nie erreicht man so ein höheres Niveau oder öffnet sich für neue und andere Ideen. Menschenkenner Nietzsche formuliert es scharf in seinem Aphorismus »Der Hauptmangel der tätigen Menschen«: »Den Tätigen fehlt gewöhnlich die höhere Tätigkeit: ich meine die individuelle. Sie sind als Beamte, Kaufleute, Gelehrte, das heißt als Gattungswesen tätig, aber nicht als ganz bestimmte einzelne und einzige Menschen; in dieser Hinsicht sind sie faul. – Es ist das Unglück der Tätigen, dass ihre Tätigkeit fast immer ein wenig unvernünftig ist. Man darf zum Beispiel bei dem geldsammelnden Banquier nach dem Zweck seiner rastlosen Tätigkeit nicht fragen: Sie ist unvernünftig. Die Tätigen rollen, wie der Stein rollt, gemäß der Dummheit der Mechanik. – Alle Menschen zerfallen, wie zu allen Zeiten so auch jetzt noch, in Sklaven und Freie; denn wer von seinem Tage nicht zwei Drittel für sich hat, ist ein Sklave, er sei übrigens wer er wolle: Staatsmann, Kaufmann, Beamter, Gelehrter«.[112] Und Nietzsche meint auch den Grund für dieses mechanische, rastlose Tun zu kennen: »Ihr Alle, denen die wilde Arbeit lieb ist und das Schnelle, Neue, Fremde, – ihr ertragt euch schlecht, euer Fleiß ist Flucht und Wille, sich selber zu vergessen. Wenn ihr mehr an das Leben glaubtet, würdet ihr weniger euch dem Augenblicke hinwerfen. Aber ihr habt zum Warten nicht Inhalt genug in euch – und selbst zur Faulheit nicht!«[113]

Therapie 7:
PARADOXER WERDEN

Es wird u.a. empfohlen: Dogmen nicht dogmatisch zu nehmen; Einschränkungen als Kreativitätstreiber zu betrachten; zu akzeptieren, dass es manchmal keine wahrhaftige Lösung geben kann.

DIE SITUATION IST KOANESK, ABER NICHT HOFFNUNGSLOS

Bestimmte Abläufe und Anforderungen im heutigen Arbeitskontext sind nicht einfach nur extrem schwierig zu bewältigen oder stellen ein Dilemma alter Schule dar. Sie sind so unverständlich wie unlösbar, zumindest mit den bewährten Mitteln professioneller Logik und Werkzeuge. Sie sind am treffendsten mit dem Begriff »paradox« oder »koanesk« zu beschreiben.

Koans entstammen dem ZEN-Buddhismus (ab dem 10. Jahrhundert). Ein Koan ist eine in sich paradoxe Frage, die unbeantwortbar, weil auf eine gewisse Weise unsinnig ist. Der Meister weiß das, sein Schüler weiß das. Dennoch besteht der Meister auf einer Antwort. Hier ist ein Koan: Eines Tages begegnete der Meister Hotei einem Zen-Mönch. Dieser fragt ihn: »Was ist die Bedeutung des Zen?« Hotei ließ sofort als stumme Antwort seinen Sack auf den Boden fallen. »Sag mir bitte, worin besteht die Verwirklichung des Zen?«, fragte der Mönch erneut. Sofort ergriff der lachende Buddha seinen Sack, warf ihn sich über die Schulter und ging seines Weges, ohne sich noch einmal umzuschauen.

Bei der Auseinandersetzung mit einem Koan-Rätsel geht es darum, gedankliche Begrenzungen zu überschreiten, um die Wahrheit hinter der Wahrheit zu erkennen. Der Schüler wird zunächst versuchen, die Antwort mit dem Verstand zu finden. Irgendwann ist sein Denken aber erschöpft, dann zieht er andere Lösungsmöglichkeiten in Betracht. Er gibt seine subjektiven Bewertungsmaßstäbe und sein kluges Reden auf, macht den Geist leer und erfährt nach und nach etwas Neues. Diese innere Erfahrung ist nicht zu vergleichen und vor allem nicht zu verwechseln mit der verstandesmäßigen Erfassung eines Problems. Koans wollen neue, existentielle Suchbewegungen anstoßen. Nach langem, manchmal jahrelangem Ringen wird der Schüler dem Meister vielleicht eine Lösung mitteilen, die dieser akzeptiert, weil sie ihm zeigt, dass der Schüler inzwischen auf einer neuen Reifestufe angelangt ist. Natürlich ist die Lösung logisch immer genauso unsinnig wie der Koan selbst. Aber alle, die sich dieser Schulung stellen, berichten, dass sie durch das Ringen um die Lösung des Koans verändert wurden. Das Nachdenken über den Koan ist sinnvoll gewesen.

LARS VON TRIER:
DÄNE, REGISSEUR, WAHRHEITSSUCHER

Lars von Trier ist Däne, einer der bedeutendsten und innovativsten Regisseure im Europa der Gegenwart – und ein obsessiver Wahrheitssucher. Seine Filme gleichen Versuchsanordnungen, die die Wahrnehmungsschleusen für Neues und Überraschendes öffnen. Sie irritieren und enttäuschen regelmäßig die Erwartungshaltung des Publikums – aber nicht als Selbstzweck. Sie sind immer Teil einer Suchbewegung nach der besseren, der guten Form.

Von Trier ist die zentrale Gestalt hinter »Dogma 95«. Am 13. März 1995 unterzeichneten er und sein Regie-Kollege Thomas

Vinterberg in Kopenhagen ein Manifest mit zehn provokanten cineastischen Geboten. Eine Woche später veröffentlichen sie es in Paris – Anlass war der 100. Geburtstag des Films – und erregen damit bis heute Aufmerksamkeit. Worum geht es?

Das Manifest definiert bestimmte technische und ästhetische Verbote und Vorschriften, zum Beispiel: Schauplätze müssen authentisch sein. Ton- und Filmaufnahmen müssen gleichzeitig erfolgen. Gefilmt werden darf nur mit einer Handkamera. Es ist keine lokale oder zeitliche Verfremdung erlaubt etc. Regisseure, die sich daran halten, werden in die Frühzeit der Filmgeschichte zurückkatapultiert; aber nicht aus nostalgischen Gründen, sondern damit sie wieder substanziell interessante Geschichten erzählen, statt sich mit digital opulenten, aber sinnlosen Nebeneffekten zu beschäftigen und in einem Meer von Raffinessen und Requisiten verloren gehen. Dogma 95 war gegen das technisch hochgerüstete, action-besessene und von Spezialeffekten dominierte Hollywood-Kino gerichtet, gegen seine Effekthascherei und vorhersehbaren Dramaturgien.

Der zentrale Manifestgedanke und das höchste Ziel war, den Figuren und Szenen die »Wahrheit« abzuringen. Wörtlich lautete der »Keuschheitsschwur« am Ende des Manifestes: »My supreme goal is to force the truth out of my characters and settings. I swear to do so by all the means available and at the cost of any good taste and any aesthetic considerations. Thus I make my Vow of Chastity.«[114]

Kritiker wie Publikum nahmen diesen Vorstoß weltweit auf. 2008 wurde die Dogma-Bewegung um die Regisseure von Trier, Vinterberg, Levring und Kragh-Jacobsen mit dem Europäischen Filmpreis in der Kategorie »Beste europäische Leistung« im Weltkino bedacht.

WENIGER MÖGLICHKEITEN, MEHR SUBSTANZ

Möglicherweise ist das Faszinierende und weit über die Filmwelt hinaus Relevante an Dogma 95 die »Abkehr vom Zwang des Möglichen«, wie der Titel eines Buches zur Rezeption der Dogma-Bewegung lautet.[115] Von Trier und seine Mit-Dogmatiker streichen die vielen Optionen unserer Multimöglichkeitswelt einfach radikal zusammen. Damit erhöht sich zuerst scheinbar der Schwierigkeitsgrad für Kreation und Produktion, schnell aber wird deutlich, dass so die Beschäftigung mit dem inzwischen wie selbstverständlich dazu gehörenden, aber eben auch zeitraubenden Brimborium wegfällt. – Das Eigentliche, die zu erzählende Geschichte und faszinierende, vielschichtige Charaktere, rücken wieder in den Vordergrund. So kann sich ein neuer Realismus entwickeln und die Chancen für Regisseure können wachsen, zum Kern eines Erzählanliegens vorzudringen.

Dass es von Trier und Co. nie um das rein formale Befolgen nostalgischer Spielregeln ging, zeigt der Umgang der Dogma-Regisseure mit dem Manifest in ihren eigenen Werken. Sie nahmen es ernst, aber nicht zu ernst, haben sich nur in wenigen Filmen[116] konsequent an alle Manifest-Gebote gehalten. Die Regeln sind nicht »die Lösung«, sondern ein Schritt im fortgesetzten Prozess der Auseinandersetzung, im Ringen darum, welche »Wahrheit« und welche »Wirklichkeit« es zu zeigen gilt.

»THE FIVE OBSTRUCTIONS«: EINSCHRÄNKUNGEN ALS KREATIVITÄTSTREIBER

In seinem 2003 in Dänemark erschienenen Film »The Five Obstructions« verarbeitet von Trier das Thema der selbstauferlegten Restriktionen auf so experimentelle wie intelligente Weise.

1967 drehte Jørgen Leth, Mentor und Lehrer von Lars von Trier, den Kurzfilm *Der perfekte Mensch*, ein Essay über die Konstruktion des modernen Konsummenschen. Ein einfaches, ein einmaliges Meisterwerk, ganze zwölf Minuten lang. Von Trier verehrt diesen Film und seinen Macher. Er bittet Leth aber nun, fünf Remakes davon zu produzieren – nach Regeln, die der Dogma-Begründer aufstellen wird. Jede dieser Regeln stellt ein formales Erschwernis dar, das Leth künstlerisch überwinden muss oder an dem er scheitern kann. Ist ein Film fertig, treffen sich die beiden Regisseure (bei Wodka und Kaviarschnittchen) – und Trier bestätigt oder verweigert die Lösung, die Leth gefunden hat. Wie der Meister, der die Lösung des Koans, die der Schüler bringt, annimmt oder verwirft. Nach jedem fertigen Remake diktiert von Trier noch schärfere Beschränkungen für den nächsten Film.

Ziel ist es, Leth aus einer tiefen Depression zu holen, die ihn zurückgezogen auf Haiti leben lässt. Die Therapie lautet: Stell dich wieder der Herausforderung des Filmemachens. Unter extrem verschärften Bedingungen.

Leth geht tatsächlich aus jeder Aufgabe gestärkt hervor. Kein Hindernis bringt ihn zu Fall, keine Produktionszumutung ist ihm zu viel. Die auferlegten Hemmnisse wirken auf ihn nicht einengend, sondern im Gegenteil fördernd, sie setzen seine handwerkliche Brillanz und seine Imaginationskraft (neu) frei. Er schafft neue Meisterwerke und, wenn man so will, eine echtere Realität.

»The Five Obstructions« erzählt die Geschichte eines einmaligen Experiments über existentielle Suchbewegungen.

»AUCH HEUTE HABE ICH WIEDER ETWAS ERLEBT, DAS ICH HOFFENTLICH BALD VERSTEHEN WERDE«

In »Five Obstructions« geht es vor allem darum, wie Einschränkungen als Kreativitätstreiber wirken können; weil das höchst organisationsrelevant ist und weil einige Sätze der Protagonisten auch Stoßseufzer heutiger Organisationsmitglieder sein könnten, hier ein paar der markantesten Zitate aus von Triers Meisterwerk, samt Anmerkungen:

- »Auch heute habe ich etwas erlebt, was ich hoffentlich bald verstehen werde.« Das ist ein wiederkehrendes Motiv des Films – und es macht deutlich, wie man auch auf Zumutungen reagieren kann: interessiert, wachsam, geduldig, gelassen, selbstironisch.
- Von Trier: »Als Strafe: Du hast freie Hand.« – Leth: »Nein, ich will mich lieber an etwas halten.« Von Trier: »Mach es einfach, wie auch immer. Toi, toi, toi.«
 – So viel zum Thema: Chef, sag mir, was ich tun soll.
- Leth: »Situationen, in denen ich die vollständige Kontrolle habe, interessieren mich eigentlich nicht.« – Einmal davon abgesehen, dass vollständige Kontrolle meist ohnehin nur eine Illusion ist, wäre sie auch das Ende jeder Kreativität. Diese ist angewiesen auf unaufgelöste Spannungen und Offenheit für unerwartetes Geschehen.
- Leth: »Ich weigere mich, so etwas Dummes zu machen (...). Ich werde diese Technik nicht lernen!« – So fühlen sich viele Manager und Mitarbeiter bei diversen als Zumutung empfundenen Verfahrensänderungen. Sie weigern sich, eine Technik zu lernen, weil sie minderwertig zu sein scheint.
- Aber dann (Leth): »Obwohl wir es nicht kontrollieren können und (diese Technik) eine dumme Sache (ist), bemühen wir uns

intensiv um die Sache und versuchen, eine Lösung zu finden, die uns zufriedenstellt.«
- Welch eine inspirierende Erfahrung, dass es so etwas prinzipiell geben kann: eine Lösung, die einem gefällt, mit einem Verfahren, das einem nicht gefällt.

KOANESKES MANAGEMENT

Welche Konsequenzen können Manager von heute aus den Koans und aus von Triers umfassendem Beschränkungskonzept ziehen? Ein paar quasi-therapeutische Anregungen:

- Aufgaben wie Koans annehmen. Sie nötigen eine innere Entwicklung ab, die das bisherige Denken und Handeln übersteigt. Es sind Rätsel und Zumutungen, die – so sie angenommen werden –, Meister und Meisterwerke entstehen lassen. Extreme Zumutungen zwingen einer Situation (und einem selber) die Wahrheit ab.
- Einschränkungen forcieren (statt sie zu vermeiden). Reduktionen selber setzen. Die Befreiung von technischem und sonstigem Bombast, der immer mehr zeitraubende und aufwändige Routinen erfordert, kann kreatives Potenzial freisetzen. Man stelle sich vor: eine Vorstandssitzung ohne Tischvorlage, Beamer, Blackberrys, gegebenenfalls auch ohne Schnittchen, Krawatten, Konferenzbesteck. Und: auf der Agenda keine 17 Tagesordnungspunkte, sondern nur: eine einzige Frage! Und auch in der Folgesitzung: nur diese eine Frage.
- Nicht zuletzt, sich auch einer ernüchternden Erkenntnis stellen:

NICHT IMMER GIBT ES LÖSUNGEN

So etwas zu behaupten, wäre reine Illusion und damit unwahrhaftig. Lars von Trier selbst hat mehrfach erleiden müssen, dass es keine Lösung gibt. Im Jahr 2004 hat er nach mehr als zwei Jahren Vorbereitungszeit darauf verzichten müssen, Richard Wagners sechzehnstündigen Vierteiler »Der Ring der Nibelungen« in Bayreuth zu inszenieren. Er war als Regisseur angefragt worden, und große Hoffnungen verbanden sich mit ihm, dem so seriösen wie radikalen Künstler. Er sollte dem traditionsüberladenen Festspielort Bayreuth neue Vitalität einhauchen, musste aber einsehen, »dass die Dimensionen und Anforderungen dieser Ring-Version, realistisch betrachtet, seine Kräfte eindeutig übersteigen würden«, wie die Festspielleitung mitteilte. Von Trier wollte sich dem wahnhaften Anspruch dieses monumentalen Werkes mit einem tragfähigen, zeitgemäßen Konzept stellen. Er wollte auch dieser Herausforderung ihre Wahrheit abringen. Schaffte es aber nicht. Kritiker attestierten, dass sein Scheitern eines aus Gründen der Ernsthaftigkeit war,[117] und sprechen von der größten Enttäuschung der Operngeschichte des Jahrzehnts.

Diese Ernsthaftigkeit verlangt, nicht nur der Aufgabe, sondern auch der Notwendigkeit des Aufgebens ins Auge zu sehen, wenn sich das als die der Aufgabe abgerungene Wahrheit herausstellt.

»Am Ende des Tages ...«

... zieht eine Führungskraft Bilanz und fragt mit dieser Redewendung in der Regel: Was kommt denn nun bei dem Ganzen heraus? Welche Zahlen, welche Erträge, welcher Gewinn? Der Dichter Rainer Maria Rilke hätte darauf womöglich mit seiner berühmten Gegenfrage geantwortet, die er den säbelrasselnden Optimisten und Ideologen seiner Zeit[118] entgegenstellte: »Wer spricht von Siegen? Überstehn ist alles.«

Was im Falle unserer Arbeitswelt heute hieße: Es ist schon viel, wenn der Arbeitsalltag im ganz normalen Wahnsinnsbetrieb uns nicht um den Verstand bringt. Wenn wir diesen stattdessen nutzen (den Verstand und den Alltag), dann besteht die reelle Chance, dass wir erstens klüger, zweitens gelassener und drittens wirkungsstärker werden. Und das wäre dann sogar ein glänzendes Ergebnis.

Dabei ist es nicht nötig, alles »richtig« zu machen. Noch müssen wir alles komplett an den Nagel hängen. Aber zwischen der Ohnmacht (Ich würde ja gerne, aber ich kann nicht ... – alternativlos) und dem Größenwahn (Wenn ich nur wirklich will, kann ich alles ... – ebenso alternativlos) liegt ein schmaler, aber deutlicher Korridor der Gestaltung. In diesem Verantwortungsbereich befinden sich alle, die sich weigern, fatalistisch zu werden, die stattdessen ihren Beitrag leisten wollen. Aber eben nicht für irgendetwas. Auch wenn die Eulen nicht sind, was sie auf den ersten Blick scheinen: Der Frage nach Sinn und Unsinn eines Tuns (des eigenen wie des unternehmensweiten) ernsthaft und intelligent auf den Grund zu gehen, hilft im alltäglichen Paradoxienmix wieder in die Spur zu finden. Sie ermöglicht eine erfrischende Distanz zum scheinbar »alternativlosen« Weiter-wie-Bisher. Neue Perspektiven rücken Dinge wieder zurecht und bewahren davor, Kopf und Nerven zu verlieren oder sich an den falschen Stellen zu verausgaben. Denn das wäre einfach eine irre Verschwendung, an Kraft, Nerven, Geld und Kreativität.

Und gefährlich: Denn wahnsinnige Unternehmungen laufen früher oder später auf katastrophale Crashs hinaus. Wie immer wird dann im Rückblick unisono konstatiert: Das konnte ja nicht gut gehen, das war ja auch verrückt.

Aber auch ganz ohne Katastrophe ist bereits jetzt eine bedenkenswerte Absatzbewegung zu erkennen: Immer weniger Menschen sind bereit, sich sinnlos zu verausgaben. Es wird zunehmend unattraktiv, Höchstleistung in verrückten Systemen verpuffen zu lassen – auch wenn das eine Weile lang »wahnsinnig interessant« sein mag.

Statt Unsinn zu verlängern oder auszuhalten, wollen gerade die Leistungsorientierten ihre Arbeitskraft für Herausforderungen einsetzen, die ihnen einleuchten. Von diesen Herausforderungen gibt es mehr als genug in dieser zusammenwachsenden Weltgemeinschaft; sie sind aufregend, lohnend und allemal notwendig, wenn wir uns nicht wirtschaftlich ruinieren wollen.

Ob wir uns dabei von François Julliens diskreter Gärtnerei oder von Marie de Gournays Freude am klaren Denken inspirieren lassen, ob wir wie Lars von Trier noch anspruchsvoller werden oder mit Byung-Chul Han einen Moment innehalten …, das hängt von unserer Persönlichkeit ab und noch mehr vom konkreten Umfeld, in dem wir uns befinden.

Der Möglichkeiten sind viele, im alltäglichen Gestrüpp Zusammenhänge ausfindig zu machen, die einen Sinn ergeben, vorausgesetzt wir haben uns erst einmal dazu entschlossen, uns nicht weiter verwirren oder lädieren zu lassen.

Mit einer Prise subversivem Humor, beim kollektiven Tüfteln und intelligenten Seinlassen lässt sich dann eine Menge unternehmen.

In diesem Sinne: viel Erfolg!

ABCurd – Schlagwortregister

A wie Arbeit, Ambiguität
B wie Bredouille
C wie charismatische Althelden, Changeritis, Casting-Shows
D wie diffus, diehard, déformation profesionelle, Desaster
E wie Ebenen, Enke, Entschlossenheit
F wie folgen, Fähigkeitspotenzial
G wie Gleichzeitigkeit, Großer Gott, Gauß
H wie Halo, Hypertyp, Hype, Herkules, Herde
I wie Impressionmanagement, Illusionsmaschinerie
J wie jetzt
K wie Kontext, Koan, Krieg
L wie Lästerkonsens, Liturgien, Leistungsvernichtung
M wie maßgeblich, Mehrwertvernichtung, Magiedrift
N wie neu, Niveauabsenkung
O wie Organisation, Orientierungslosigkeit, Option
P wie pseudo, promisk, Puppenspiel, Potenzialtrichter, Paradoxie
Q wie Quantum
R wie Reorganisation, Ratio, Rothirschrudel
S wie Sinn, Selbstwirksamkeit, Scheiß-Millionär, Sisyphos
T wie tüchtig, Turbulenz, taktische Freundlichkeit
U wie Untote, Unterbruch, unentscheidbare Fragen
V wie Verwahrlosung, Voodoo, Verbindungsillusion
W wie Wenn-Dann-Schema, Wunschdenken, War-wording
X wie x-beliebig
Y wie Yberforderung
Z wie Zumutung, Zwischentonlosigkeit, Zugehörigkeit

Dank

an den klugen, kritischen und inspirierenden Kollegen Heiko Schulz vom Büro Oklahoma.

Und Dank und Bewunderung den vielen, die ich in meiner Arbeit kennenlernen durfte, die – so intelligent und integer, so hartnäckig und humorvoll – darauf bestehen, an ihrem Wirkungsort einen sinnvollen Mehrwert zu schaffen.

Anmerkungen

1 »Die Eulen sind nicht, was sie scheinen«, aus: *Twin Peaks*, Folge 8.
2 Nicht umsonst das Unwort des Jahres 2010.
3 In seiner Anthropologie in pragmatischer Hinsicht (1798).
4 Alexander Rüstow: *Zwischen Kapitalismus und Kommunismus* (1949). In: *Grundtexte zur Freiburger Tradition der Ordnungsökonomik*. Hg. v. Nils Goldschmidt und Michael Wohlgemuth. Mohr Siebeck 2008, S. 423ff.
5 In der *Frankfurter Allgemeinen Sonntagszeitung* vom 7. Juni 2010.
6 Barbara Ehrenreich: *Smile or Die. Wie die Ideologie des positiven Denkens die Welt verdummt*. Kunstmann 2010.
7 Daniel J. Boorstin: *The Image: A Guide to Pseudo-Events in America*. Vintage Books 1992.
8 Phil Rosenzweig: *The Halo-Effect ... and the Eight Other Business Delusions That Deceive Managers*. Simon & Schuster Inc. 2007.
9 Studie von David F. Larcker und Anastasia A. Zakolyukina von der Standford University: *Detecting Deceptive Discussions in Conference Calls*. July 29, 2010. Quelle: https://gsbapps.stanford.edu/researchpapers/library/RP2060%20&%2083.pdf
10 »Ereignishorizont« nennt der Physiker in der allgemeinen Relativitätstheorie eine Grenzfläche in der Raumzeit. Für diese gilt, dass Ereignisse jenseits dieses Horizontes prinzipiell für Beobachter nicht sichtbar sind, die sich diesseits befinden.
11 Gefunden im Wirtschaftsteil der *Süddeutschen Zeitung* vom 15.6.2010 bei der Besprechung der IBM CEO Studie 2010.
12 In: *Menschliches, Allzumenschliches*. Insel Verlag 2000.
13 In: *Understanding Media. The Extensions of Man*. 1964. Ginko Press 2002.
14 Übrigens in derselben Ausgabe der *Süddeutschen Zeitung* vom 15.6.2010, in der zwei Seiten zuvor noch vom »rasenden Beschleunigungstempo« die Rede ist.
15 Byung-Chul Han: *Vom Duft der Zeit*. Transscript 2009.

16 William Power: *Hamlet's BlackBerry. A Practical Philosophy for Building a Good Life in the Digital Age.* Harper 2010.
17 In der *Frankfurter Allgemeinen Sonntagszeitung* vom 12. Juli 2009.
18 Ernst-Wolfgang Böckenförde: *Woran der Kapitalismus krankt.* In: *Süddeutsche Zeitung* vom 24. April 2009.
19 Alain Ehrenberg: *Das erschöpfte Selbst. Depression und Gesellschaft in der Gegenwart.* Suhrkamp 2008.
20 A.a.O., S. 15.
21 So die 2010 erschienene polemische Abrechnung des ehemaligen Daimler-Managers Edzard Reuter mit dem Titel *Stunde der Heuchler. Wie Manager und Politiker uns zum Narren halten.* Econ 2010.
22 Peter Sloterdijk: *Du musst Dein Leben ändern.* Suhrkamp 2009.
23 In der *Frankfurter Allgemeinen Sonntagszeitung* vom 20. Juni 2010.
24 Im Original: *How to write a damn good novel.* St. Martin's Press 1987.
25 Barbara Kellermann: *Followership. How Followers Are Creating Change and Changing Leaders.* Mcgraw Hill 2008.
26 In *Brand eins* Juni 2009.
27 John P. Kotter: *Leading Change.* Harvard Business School Press 1996.
28 Daniel Goeudevert: *Das Seerosen-Prinzip.* DuMont 2008. Harald Schumann/ Christian Grefe: *Der globale Countdown. Die Zukunft der Globalisierung.* Kiepenhauer & Witsch 2008. Meinhard Miegel: *Exit. Wohlstand ohne Wachstum.* Propyläen 2010. U. a. m.
29 In der *Süddeutschen Zeitung* vom 17.11.2010 wird dieser Kampf der Titanen prominent auf Seite 2 und 3 platziert und durchgehend in der Mythenmetaphorik beschrieben.
30 David Berger: *Der heilige Schein.* Ullstein 2010.
31 Zitat einer Kirchengemeinde: http://glaube-und-kirche.de/symbole2.htm
32 Niklas Luhmann: *Vertrauen. Ein Mechanismus der Reduktion sozialer Komplexität.* 4. Aufl. UTB 2000.
33 Ute Frevert, Historikerin und Direktorin des Max-Planck-Instituts in einem Interview in der *Wirtschaftswoche* vom 11.11.2008.
34 In einem Essay der *Frankfurter Allgemeinen Sonntagszeitung* vom 20.12.2009 über das zurückliegende Finanzkrisenjahr.
35 Richard Sennett: *Die Kultur des neuen Kapitalismus.* Berliner Taschenbuch Verlag, 2007, S. 86 ff.

36 Robert K. Merton: *Social Theory and Social Structure. Toward the codification of theory and research*, Glencoe, Ill. 1949, rev. & enl. ed. ²1959.
37 Vgl. zahlreiche Studien, z. B. die Untersuchungen am Institut für sozialwissenschaftliche Forschung (ISF) München von Andreas Boes u. a.
38 Albert Bandura: *Self-efficacy: The exercise of control.* Freeman 1997.
39 Aaron Antonovsky hat dieses Konzept entwickelt: Aaron Antonovsky u. Alexa Franke: *Salutogenese. Zur Entmystifizierung der Gesundheit.* dgvt-Verlag 1997.
40 Malcolm Gladwell: *Überflieger. Warum manche Menschen erfolgreich sind – und andere nicht.* Campus 2009, 38ff.
41 Richard Sennett: *Die Kultur des neuen Kapitalismus.* A.a.O., S. 155.
42 A.a.O., S. 124.
43 Boes, Andreas; Bultemeier, Anja, u. a.: *Gesundheit am seidenen Faden: Innenansichten zu den Herausforderungen der Gesundheitsförderung in der IT-Industrie.* ISF München 2008.
44 Richard Sennett: *Die Kultur des neuen Kapitalismus.* A.a.O., S. 71.
45 In einem Interview, das er in den *fgi news* Nr. 9/ 2010 gegeben hat mit der treffenden Headline: „Wenn wir uns um Innovation kümmern wollen, dann geht es genau um so etwas: Beobachten von Nicht-Beobachtbarem, Wissen über das Nicht-Wissen, Selbst-Irritation."
46 Stephan Jansen, a.a.O.
47 Richard Sennett: *Die Kultur des neuen Kapitalismus.* A.a.O., S. 98.
48 Definition des Dudens (Fremdwörterlexikon 1982): Moral ist ein »System von sittlichen Grundsätzen und Normen, das zu einem bestimmten Zeitpunkt das zwischenmenschliche Verhalten reguliert«.
49 Die Normal- oder Gauß-Verteilung (nach Carl Friedrich Gauß) ist ein wichtiger Typ kontinuierlicher Wahrscheinlichkeitsverteilungen. Die besondere Bedeutung der Normalverteilung beruht unter anderem auf dem zentralen Grenzwertsatz, der besagt, dass eine Summe von unabhängigen, identisch verteilten Zufallsvariablen im Grenzwert normal verteilt ist. Das bedeutet, dass man Zufallsvariablen dann als normal verteilt ansehen kann, wenn sie durch Überlagerung einer großen Zahl von unabhängigen Einflüssen entstehen, wobei jede einzelne Einflussgröße einen im Verhältnis zur Gesamtsumme unbedeutenden Beitrag liefert.
50 Stefan Willeke in der *ZEIT* vom 2.12.2010 über Schalke 04 und seinen damaligen Trainer Felix Magath.

51 Der viel zitierte Platzhirsch hat übrigens keinerlei Führungsfunktion inne. Er ist vollauf damit beschäftigt, sich gegen Nebenbuhler zur Wehr zu setzen und sie zu vertreiben. Diesem Zweck dient auch das imposante Brunftgeschrei. Ganz alte Hirsche begeben sich gar nicht mehr in Rudel, sondern streunen allein durch die Steppen und Wälder.

52 Zitate aus dem Artikel »Lob dem Größenwahn« aus der *FAZ* vom 26.6.2009 von Georg Meck und Rainer Hank.

53 Dieter Claessen: *Das Konkrete und das Abstrakte. Soziologische Skizzen zur Anthropologie.* Suhrkamp 1993, S. 169–176.

54 Definition von Verwahrlosung laut Psychologielexikon: »Das anhaltende und alle Bereiche des Lebens umfassende Abweichen einer Person von den Erwartungen seiner Umwelt. Das abnorme Verhalten in allen wesentlichen sozialen und gesellschaftlichen Gebieten.«

55 Claessen, a.a.O., S. 213; siehe auch Günther R. Kühnle: *Die Jagd als Mechanismus der biotischen und kulturellen Evolution des Menschen. Zur soziopsychologischen Rolle des Jagdschemas als Denk- und Handlungsschema.* Bonn, Trier 2003.

56 Die gemeinsame Wurzel von Jagd und Krieg hat schon Platon gesehen, in Sophistes: *Kunst der Bemächtigung.*

57 Pornodarsteller nennen Nicht-Pornodarsteller übrigens »Zivilisten«!

58 Ein Koan ist eine Sentenz, die eine beispielhafte Handlung oder Aussage eines Zen-Meisters darstellt.

59 Christoph Lorenz: *Die ästhetische Codierung autopoietischer Strukturen und Prozesse am Beispiel von David Lynchs TV-Serie TWIN PEAKS.*

60 C.G. Jung, aus der Einführung zu *Das Geheimnis der Goldenen Blüte*; hrsg. v. R. Wilhelm, Diederichs 1996, S. 20 f. Er formuliert weiter: »Irgendein höheres und weiteres Interesse trat in den Gesichtskreis und durch diese Erweiterung des Horizontes verlor das unlösbare Problem seine Dringlichkeit. Es wurde nicht in sich selber logisch gelöst, sondern verblasste gegenüber einer neueren und stärkeren Lebensrichtung.«

61 Vgl. auch sein Gespräch mit Theresia Volk und Heiko Schulz im Dezember 2008 in seinem Pariser Institut: »Nicht an den Setzlingen ziehen«. Veröffentlicht u. a. in der: Zeitschrift *OrganisationsEntwicklung* Nr. 1/2010

62 Aus seinem Vorwort in: François Jullien: *Über die Wirksamkeit.* Merve Verlag 1999.

63 François Jullien: *Der Umweg über China. Ein Ortwechsel des Denkens.* Merve 2002.
64 Vgl. Jullien-Interview mit Theresia Volk und Heiko Schulz im Dezember 2008.
65 Ebd.
66 Ebd.
67 François Jullien: *Die stillen Wandlungen.* Merve Verlag 2010.
68 Vgl. Jullien-Interview mit Theresia Volk und Heiko Schulz im Dezember 2008
69 François Jullien: Vortrag vor Managern über Wirksamkeit und Effizienz in China und im Westen: Merve Verlag 2006, S. 48.
70 Vgl. auch Martin Jacques: *When China rules the World. The Rise of the Middle Kingdom and the End of the Western World.* Allen Lane Verlag 2009.
71 Vgl. Jullien-Interview mit Theresia Volk und Heiko Schulz im Dezember 2008.
72 François Jullien: *Die stillen Wandlungen.* Merve Verlag 2010, S. 77 f.
73 Dietmar Hansch: *Sprung ins Wir. Die Neuerfindung von Gesellschaft aus systemischer Sicht.* Vandenhoeck & Ruprecht 2010, u. v. a.
74 Bernhard von Mutius (Hg.): *Die andere Intelligenz. Wie wir morgen denken werden.* Klett-Cotta 2008.
75 Anita Williams Woolley et al. von der Carnegie Mellon University Pittsburgh: Evidence for a Collective Intelligence Factor in the Performance of Human Groups. Veröffentlicht im Fachmagazin *Science*. Onlineveröffentlichung auf: http://www.sciencemag.org/ Oktober 2010.
76 Armin Falk/ Andrea Ichino: *Clean Evidence on Peer Effects.* In: *Journal of Labour Economics*, 24 (1) 2009, S. 39–57. Oder: Alexandre Ma und Enrico Moretti: *Peers at Work.* In: *American Economic Review*, 99 (1) 2009, S. 112–145.
77 Friedrich August von Hayek: *Der Wettbewerb als Entdeckungsverfahren.* In: *Freiburger Studien*, Tübingen 1969, S. 249–265.
78 In *Süddeutsche Zeitung* vom 4. April 2009.
79 Am Institut für empirische Wirtschaftsforschung an der Universität Zürich.
80 Bernard Cova: *From marketing to Societing.* In: *Rethinking Marketing.* Ed. by Douglas Brownlie, Mike Saren, Robin Wensley, Richard Whittington. Sage Publications 1999, S. 64–83.

81 Vom 4. Oktober 2010; online unter http://www.newyorker.com/reporting/2010/10/04/101004fa_fact_gladwell
82 Joachim Gauck: *Winter im Sommer – Frühling im Herbst*. Siedler 2009.
83 In *Frankfurter Allgemeine Sonntagszeitung* vom 12. Juli 2009.
84 Byung-Chul Han: *Müdigkeitsgesellschaft*. Matthes & Seitz 2010.
85 Gemeint ist die Begeisterung für die kollektive Intelligenz, ein emergentes Phänomen, das sich in bestimmten Naturphänomenen zeigt: Mag die einzelne Ameise möglicherweise minderbegabt sein, die Ameisenkolonie als Ganze ist hochintelligent. Vgl. James Surowiecki: *Die Weisheit der Vielen*. Goldmann 2005.
86 Zitiert nach Deresiewicz in seinem Interview in der *Süddeutschen Zeitung* vom 18. Februar 2010. Trillings Essay-Sammlung trägt den schönen Titel *Die moralische Pflicht intelligent zu sein* (Lionel Trilling: *The moral obligation to be intelligent*. Hg. von Leon Wieseltier. Farrar, Straus and Giroux 2001).
87 Rss = »Really Simple Syndication«, ein Informationsabonnement, das (wie ein Nachrichtenticker) den Adressaten über Aktualisierungen bestimmter Webseiten auf dem Laufenden hält.
88 Benjamin Barber in seinem Essay: *Amerika, du hasst es besser. Die Demokratie ist in Gefahr, weil wir Meinung und Vorurteil an die Stelle von Wissenschaft und Vernunft gesetzt haben*. In: *Süddeutsche Zeitung* vom 4./5. Dezember 2010.
89 Ebd.
90 In seiner Vorlesung aus dem Jahr 1937 *Science and the Social Order*. Und in einem Essay von 1942 *Science and democratic social structure*. In: Merton, Robert K.: *Social Theory and Social Structure*. Enlarged edition, The Free Press, Erste Auflage 1949, S. 604–615.
91 www.theamericanscholar.org/solitude-and-leadership/
92 Vgl. auch Byung-Chul Han: *Müdigkeitsgesellschaft*. Matthes & Seitz 2010.
93 Claus Leggewie/Harald Welzer: *Das Ende der Welt, wie wir sie kannten*. S. Fischer Verlag 2009.
94 Alex Steffen (Hg.): *World Changing. Das Handbuch der Ideen für eine bessere Zukunft*. Knesebeck München 2008.
95 Unsichtbares Kommitee: *Der kommende Aufstand*. Nautilus Flugschrift 2010.
96 Michela Murgia: *Accabadora*. Wagenbach 2010.

97 Heinz von Foerster: *Wissen und Gewissen. Versuch einer Brücke.* Suhrkamp 1997.
98 Emeritierter Professor der Princeton University, der sich insbesondere mit Themen der Willens- und Handlungsfreiheit befasst sowie mit den Wünschen zweiter Ordnung; den höherwertigen Wünschen, die er als konstitutiv für das Personsein betrachtet.
99 Harry G. Frankfurt: *Sich selbst ernst nehmen.* Hg. von Debra Satz. Suhrkamp Verlag Frankfurt 2007, darin sind zwei Vorlesungen Frankfurts, die er 2004 vor Studenten der Stanford University hielt: *Taking ourselves Seriously* und *Getting it Right.* Daraus stammen alle folgenden Zitate.
100 Martin Seel: *Theorien.* S. Fischer Verlag 2009, S. 20.
101 Byung-Chul Han: *Was ist Macht?* Reclam Verlag 2005.
102 Vgl. auch Wilhelm Schmid: *Mit sich selbst befreundet sein. Von der Lebenskunst im Umgang mit sich selbst.* Suhrkamp Verlag 2007, der das tiefgründig und humorvoll zeigt.
103 Arnold R. Beisser: *Gestalttherapie und das Paradox der Veränderung.* Aus: *Zeitschrift Gestaltkritik,* Heft 1/1998
104 Friedrich Salomon Perls (1893-1970), Psychiater und Psychotherapeut. Maßgeblicher Begründer der Gestalttherapie.
105 Niklas Luhmann: *Funktionen und Folgen formaler Organisationen.* Suhrkamp 1995.
106 Friedrich Nietzsche: *Morgenröte,* KSA 3, zitiert nach Byung-Chul Han: *Was ist Macht?* a.a.O.
107 Nietzsche, a.a.O.
108 Die Zeitschrift »Le Nouvel Observatuer« zählt ihn zu den 25 wichtigsten Denkern unserer Zeit. Kwame Anthony Appiah: *Der Kosmopolit. Philosophie des Weltbürgertums,* Beck 2009.
109 A.a.O.
110 Theodor W. Adorno: *Minima Moralia. Reflexionen aus dem beschädigten Leben.* Gesammelte Schriften, Bd. 4. Suhrkamp, 7. Aufl. 2003.
111 Byung-Chul Han: Müdigkeitsgesellschaft, a.a.O. 40
112 Friedrich W. Nietzsche: *Menschliches, Allzumenschliches.* Insel Verlag 2000, Band I. Fünftes Hauptstück, Nr. 283.
113 Friedrich W. Nietzsche: *Also sprach Zarathustra.* Teil 1., dtv München 1999.

114 Zitiert nach Charles Martig: *Kino der Irritation. Lars von Triers theologische und ästhetische Herausforderung.* Schüren Verlag 2008, S. 52.
115 Sudmann, Andreas: *Dogma 95 – Die Abkehr vom Zwang des Möglichen.* Offizin Verlag 2001.
116 Z. B. Thomas Vinterbergs *Das Fest*; Lars von Triers *Idioten*, jeweils Dänemark 1998.
117 Vgl. Reinhard J. Brembeck: *Das große Scheitern. Lars von Trier gibt den ›Ring‹ zurück* in der *Süddeutschen Zeitung* vom 7. Juni 2004.
118 Rilke schrieb das *Requiem für Wolf Graf von Kalckreuth* im Jahr 1908; sechs Jahre später stürzten sich die Eliten der Gesellschaft siegesgewiss in das Wahnsinnsunternehmen Krieg.

Der Mensch im Mittelpunkt

Bernd Sprenger
DIE ILLUSION DER
PERFEKTEN KONTROLLE
ISBN 978-3-466-30849-1

Bernd Sprenger
IM KERN GETROFFEN
Attacken aufs Selbstwertgefühl und
wie wir unsere Balance wiederfinden
ISBN 978-3-466-30700-5

Niklas Brantschen
VOM VORTEIL, GUT ZU SEIN
Mehr Tugend - weniger Moral. Mit
einem Vorwort von Roger de Weck
ISBN 978-3-466-36690-3

Barbara Mettler-v.Meibom
WERTSCHÄTZUNG
Wege zum Frieden mit der
inneren und äußeren Natur. Mit
einem Vorwort von Ingrid Riedel
ISBN 978-3-466-30710-4

Business auf neuem Kurs

Psychologie & Lebenshilfe

Asgodom/Bock/Lienhart/MahlerVolk
DIE FRAU, DIE IHR GEHALT MAL
EBEN VERDOPPELT HAT
25 verblüffende Coaching-
Geschichten
ISBN 978-3-466-30788-3

Jon Christoph Berndt
DIE STÄRKSTE MARKE SIND SIE
SELBST!
Schärfen Sie Ihr Profil mit Human
Branding
ISBN 978-3-466-30827-9

Roman F. Szeliga
ERST DER SPASS, DANN
DAS VERGNÜGEN
Mit einem Lachen zum Erfolg
ISBN 978-3-466-30931-3

Regina Först
PEOPLE FÖRST –
DIE 7 BUSINESS-GEBOTE
ISBN 978-3-466-34534-2

Sachbücher & Ratgeber

www.koesel.de

Erfolg im Job

Andrea Lienhart
RESPEKT IM JOB
Strategien für eine andere
Unternehmenskultur
ISBN 978-3-466-30887-3

Constanze Hintze
VERMÖGENSPLANUNG UND
ALTERSVORSORGE FÜR FRAUEN
Finanz-Knowhow und praktische
Lösungen
ISBN 978-3-466-30888-0

Bärbel Wardetzki
KRÄNKUNG AM
ARBEITSPLATZ
Strategien gegen Missachtung,
Gerede und Mobbing
978-3-466-30702-9

Hans-Peter Unger
Carola Kleinschmidt
BEVOR DER JOB KRANK MACHT
Wie uns die heutige Arbeitswelt in
die seelische Erschöpfung treibt
– und was man dagegen tun kann
ISBN 978-3-466-30733-3